Walther Ziegler

10 philosophische
Wege zum Glück
in 60 Minuten

AF210574

Dank an Melanie Tintera für ihre inhaltliche und redaktionelle Betreuung des Projektes, u.a. hinsichtlich der Ergebnisse der modernen Glücksforschung, Rudolf Aichner für seine unermüdliche und kritische Redigierung, Silke Ruthenberg für die feine Grafik, Christiane Hüttner und Dr. Martin Engler für das Lektorat. Und Dank an Prof. Guntram Knapp, der mich für die Philosophie begeistert hat.

Bibliografische Information der Deutschen Nationalbibliothek:
Die Deutsche Nationalbibliothek verzeichnet diese Publikation in der Deutschen Nationalbibliografie; detaillierte bibliografische Daten sind im Internet über www.dnb.de abrufbar.

© 2023 Dr. Walther Ziegler
Umschlaggestaltung und Grafik des gesamten Buches: Silke Ruthenberg
unter Verwendung von Illustrationen von:
Raphael Bräsecke, Creactive – Atelier für Werbung, Comic & Illustration (Zeichnungen)
© JackF - Fotolia.com (Bilderrahmen)
© Valerie Potapova - Fotolia.com (Bilderrahmen)
© Svetlana Gryankina - Fotolia.com (Sprechblasen)
Herstellung und Verlag:
BoD – Books on Demand, Norderstedt

ISBN 9-7837-5785-312-9

Inhalt

Vorwort

Wie kann ich ein glückliches Leben führen?

Zu dieser Frage gibt es in allen Ländern der Welt eine unübersehbare Zahl von psychologischen Ratgeberbüchern - allein im deutschsprachigen Raum über 50.000 Titel. Es werden positives Denken, praktische Übungen wie das Führen von Glückstagebüchern und die Anwendung von Selbstmotivations-Techniken empfohlen.

Auch in der Philosophie wird seit der Antike über die Möglichkeiten eines glücklichen Lebens nachgedacht. Doch, wie nicht anders zu erwarten, ist das Ergebnis von eigentümlicher Vielfalt. Die Philosophen kommen nämlich im Laufe der Jahrhunderte zu sehr unterschiedlichen und bisweilen sogar gegensätzlichen Antworten. Im Wesentlichen eröffnen sie uns 10 philosophische Wege zum Glück. Erfahren Sie die Kerngedanken aus 2500 Jahren Nachdenken über das gute Leben – ergänzt um die Ergebnisse der modernen Glücksforschung.

1.

Das Glück ist eine Halbglatze –
Kairos statt Chronos – Gelegenheiten ergreifen!

Der griechischen Mythologie verdanken wir die uralte Lebensweisheit: „Du musst das Glück beim Schopfe packen". Damit ist gemeint, dass wir eine gute Gelegenheit unbedingt nutzen sollten, denn man weiß nie, ob sie sich nochmal ergibt. Oft denken wir aber zu lange nach, bevor wir eine sich auftuende Chance ergreifen. Doch dieses Zögern kann fatal sein.

Bekannt sind Erlebnisse von Menschen, die unverhofft ihren Traumpartner in der Tram- oder U-Bahn sehen, erste Blicke austauschen, sich anlächeln, aber nicht wagen, den anderen anzusprechen. Auf einmal ist die Haltestelle da, der andere steigt aus und der Traum ist für immer zerplatzt. Auch Schnäppchenjäger wissen, warum es ratsam ist, das Glück beim Schopfe zu packen. Sieht man etwas sehr Schönes und zögert zu lange mit dem Kauf, ist das begehrte Objekt später oft schon weg.

Sinnbildlich für dieses Dilemma stehen die griechischen Götter Chronos und sein Gegenspieler Kairos. Zusammen symbolisieren sie die Zwiespältigkeit der Zeit, beziehungsweise die Störung der vorhersehbar ablaufenden Chronologie durch den plötzlich auftretenden Zufall. Chronos ist der Gott der Zeit, also des beständigen Ablaufes von Vergangenheit, Gegenwart und Zukunft. Er ist der Herr jeder Sanduhr und sorgt für das verlässliche Herunterrieseln der Körner – für den unverrückbaren Lauf der Zeit.

Er lässt jeden Tag, jeden Monat, jedes Jahr und unsere gesamte Lebenszeit vergehen von der Geburt,
der Kindheit über die Jugend, das Alter bis zum Tod.
Sein göttlicher Gegenspieler heißt Kairos. Er funkt
ihm immer wieder dazwischen. Denn er ist der Gott
des Augenblicks. Er taucht plötzlich und unvermutet
auf, bringt alles durcheinander, um ebenso schnell
wieder zu verschwinden. Während Chronos für
den verlässlichen Ablauf von Vorher und Nachher
steht, ist Kairos dimensionslos. Anarchistisch fliegt
er durch Raum und Zeit. Wo auch immer er gerade
erscheint, ist seine Präsenz so ergreifend, dass die
planbare Kette von Vergangenheit und Zukunft für
einen Augenblick zerreißt. Alle Chancen liegen dann
im aktuellen Moment, den wir ergreifen können oder

nicht. Alles kann jetzt in eine ganz neue Richtung gehen oder eben nicht. In den antiken Darstellungen
wird Kairos als Jüngling mit Flügeln an Rücken und
Beinen sowie einer Halbglatze dargestellt, allerdings
mit einer Halbglatze der besonderen Art.

Er hat auf der vorderen Hälfte des Kopfes einen langen wallenden Schopf, am Hinterkopf jedoch kein
einziges Haar. Daher kommt der berühmte Satz „Du
musst das Glück beim Schopfe packen". Jeder von
uns sollte die Begegnung mit Kairos nutzen, um ihn

und die gute Gelegenheit beim Schopfe zu packen. Doch Vorsicht, die Gelegenheit ist flüchtig. Wenn Kairos unseren Weg kreuzt und wir einen Moment zu lange überlegen, huscht er an uns vorbei. Versuchen wir ihn dann noch zu erwischen, greifen wir ins Leere oder rutschen ab, denn am Hinterkopf ist er kahl. In der obigen Darstellung von 400 vor Christus führt Kairos zudem die Waage der Gerechtigkeit mit sich. Man sieht deutlich, wie er sie aus dem Gleichgewicht bringt, auf einer Seite herunterzieht und somit manipuliert. Als Gott der Gelegenheit kann er nämlich die Waage der Gerechtigkeit und des Glücks jederzeit zu unseren Gunsten oder Ungunsten verändern. Der amerikanische Präsident Kennedy wusste offenbar um die Bedeutung der sich zufällig auftuenden Chancen, als er den vielzitierten Satz formulierte: „Das Leben ist ungerecht, aber nicht unbedingt zu deinen Ungunsten".

Sportler sind seit jeher abergläubisch. Fußballer tragen gerne Schuhe, in denen sie schon große Siege errungen haben. Trainer bevorzugen ganz bestimmte Pullover oder andere Kleidungsstücke, in denen sie bereits erfolgreich waren. Manche Spieler bekreuzigen sich kurz vor dem Anpfiff. In der Antike hofften die Athleten auf den glückbringenden Beistand des Gottes Kairos. So gab es in Olympia, dem Austragungsort der sportlichen Wettkämpfe, direkt neben dem Hermes-Altar, der dem Gott der Gymnastik gewidmet war, auch einen Kairos-Altar. An diesem brachte man Kairos als der Gottheit des günstigen Augenblicks seine Opfer dar, um im Wettkampf das Momentum auf seiner Seite zu haben. Der makedonische Dichter Poseidippos von Pella hat im 3. Jahrhundert vor Christus den Altar in Olympia persönlich besucht und den folgenden poetischen Dialog mit dem Gott Kairos verfasst:

„Wer bist du?
Ich bin Kairos, der alles bezwingt!
Warum läufst du auf Zehenspitzen?
Ich, der Kairos, laufe unablässig.
Warum hast du Flügel am Fuß?
Ich fliege wie der Wind. [...]
Warum fällt dir eine Haarlocke in die Stirn?
Damit mich ergreifen kann, wer mir begegnet.
Warum bist du am Hinterkopf kahl?
Wenn ich mit fliegendem Fuß erst einmal
vorbeigeglitten bin,
wird mich auch keiner von hinten erwischen
so sehr er sich auch bemüht."[1]

Bis heute wird mit Kairos ein „günstiger Zeitpunkt" oder „entscheidender Augenblick" verbunden. Und tatsächlich gibt es wohl in jeder Biografie Momente und Augenblicke, die das Leben verändern oder in eine ganz neue Richtung bringen. Seien es zufällige Begegnungen, aus denen Eheschließungen, Kinder oder lebenslange Freundschaften hervorgehen, oder zufällige Ereignisse, die unsere Ausbildung, unsere berufliche Entfaltung und unseren gesamten Lebensweg beeinflussen. Kairos mischt immer mit. Umso mehr wir darüber nachdenken, werden wir feststellen, dass vieles in unserem Leben auf Zufällen sowie unverhofften Begegnungen und Konstellationen beruht.

Ein schillerndes historisches Beispiel dafür ist die Entdeckung des Penicillins. Der Bakteriologe Alexander Fleming fuhr 1928 in den Sommerurlaub und vergaß völlig, die Fenster seines Labors zu schließen. Zuvor hatte er in einer Petrischale mit Nährlösung noch eine Bakterienkultur angelegt. Als er zurückkam, bemerkte er, dass er das Fenster versehentlich offengelassen hatte, denn während seiner Abwesenheit wurden vom Wind offenbar Pilzsporen in sein Labor hineingeweht. In der Petrischale mit den Bakterien ist nämlich zusätzlich zur Bakterienkultur ein Schimmelpilz herangewachsen. Fleming warf die unbrauchbar gewordene Bakterienkultur aber nicht gleich weg, was naheliegend gewesen wäre, sondern sah sich das Ganze aus Neugierde vorher noch einmal unter dem Mikroskop an. Und siehe da, er machte eine sensationelle Entdeckung: In der Umgebung der Schimmelpilze war das Wachstum der Bakterien komplett zum Stillstand gekommen. So entdeckte er die antibiotische Wirkung dieses, ihm durchs Fenster zugeflogenen Pilzes, eines Schimmelpilzes namens „Penicillin". Später bekam er für das zufällig entdeckte Medikament den Nobelpreis.

Zwar fliegt nicht jedem von uns ein Nobelpreis durch das offene Fenster zu, aber die allermeisten Menschen haben Momente in ihrem Leben, in denen sich neue Möglichkeiten auftun. Allerdings ist es nicht immer leicht, sich kurzentschlossen auf neue, in seinen Folgen oft unabsehbare, Möglichkeiten einzulassen. Sie können sich hinterher auch als falsch oder verhängnisvoll erweisen.

Die Glücksforschung ist aber in Studien übereinstimmend zu dem Ergebnis gekommen, dass Menschen, die etwas riskieren und ihrem Leben eine neue Richtung geben, sich subjektiv oft glücklicher fühlen als diejenigen, die aus Sorge um eine nicht genau absehbare Zukunft ein Leben lang in ihren gewohnten Strukturen verharren. Der tatsächliche Erfolg oder Misserfolg der Neuorientierung spielt nämlich im Vergleich zur Freude, etwas gewagt zu haben, eine erheblich geringere Rolle, als man zunächst denkt.

Denn selbst wenn die jeweiligen Unternehmungen, beispielsweise das Auswandern in ein anderes Land, eine neue Ausbildung, ein Jobwechsel, eine Geschäftsgründung, eine Trennung vom Lebenspartner oder eine neue Beziehung am Ende nicht funktionieren, wird die Erfahrung dieses Versuchs positiv bewertet und in den seltensten Fällen bereut. Mag man an der Verwirklichung einer Idee oder eines Projektes auch gescheitert sein, so bleibt doch die befriedigende Erkenntnis, es wenigstens versucht zu haben. Wir müssen dann unserem Wunschtraum oder was wir dafür gehalten haben, nicht weiter nachhängen, da er sich nicht als solcher erwiesen hat.[2]

Aus protokollierten Gesprächen im Rahmen der Palliativpflege wissen wir zudem, dass zu den Dingen, die Menschen am Ende des Lebens am meisten bedauern, ausgelassene Möglichkeiten und mangelnde Risikobereitschaft gehören. So gesehen empfiehlt es sich, bei aller sorgfältigen Lebensplanung, den Mut zu haben, auch Kairos, dem Gott des Zufalls, zu folgen:

Weg 1

Gib dem Zufall eine Chance! Überraschende Möglichkeiten werden nur
fruchtbar, wenn wir sie ergreifen.

2.

„Du bist, wozu du dich machst" –
existenzialistisch leben wie Sartre und Simone de Beauvoir

Wenn wir nach philosophischen Wegen zum Glück fragen, darf der Existenzialismus nicht fehlen. Das Schriftsteller- und Philosophenpaar Simone de Beauvoir und Jean Paul Sartre haben in ihren Büchern ebenso wie ihrem Leben ein bis heute eindrucksvolles Zeugnis dafür abgelegt, wie wir glücklich werden können. Ihr einfaches Rezept: Der Mensch sollte versuchen, notfalls auch gegen alle Widerstände, frei und selbstbestimmt zu leben. Ihre existenzialistische Aufforderung, angesichts der Gewissheit des Todes nicht länger an ein jenseitiges Paradies zu glauben, sondern das Leben im Hier und Jetzt entschlossen zu gestalten, wurde zum Glaubensbekenntnis einer ganzen Generation:

Der Mensch ist nichts anderes als das, wozu er sich macht.[3]

In den 60er Jahren des 20. Jahrhunderts wurde der Existenzialismus sogar zu einer Art Lebenshaltung. Schüler, Studenten, Künstler und andere vom Existenzialismus Begeisterte trafen sich in offenen Diskussionszirkeln, denen Frauen wie Männer gleichermaßen angehörten. Als Zeichen ihrer existenzialistischen Einstellung trugen sie dunkle Rollkragenpullover und – wie Sartre selbst - schwarze Hornbrillen. Ihr Motto lautete: Lass dir von niemandem sagen, wie du zu leben hast. Entscheide selbst. Lebe aufrichtig und intensiv, sowohl hinsichtlich deiner Liebesbeziehungen und Freundschaften, als auch hinsichtlich deines politischen Engagements. So demonstrierten sie gemeinsam gegen die französischen Kolonialkriege in Algerien und Indochina, lehnten die bürgerliche Moral als überkommen ab und experimentierten mit der freien Liebe. Sartre und Simone de Beauvoir hatten eine sogenannte „offene Beziehung", die es ihnen gegenseitig erlaubte, auch intime Beziehungen mit anderen aufzunehmen. Dabei blieb ihre tiefe gegenseitige Verbundenheit stets erhalten. Sartre und de Beauvoir schlossen sogar einen „Vertrag der Freiheit und Offenheit", in dem sie sich von bürgerlich monogamen Konventionen und Einschränkungen befreiten, sich aber gleichzeitig zu gegenseitiger Ehrlichkeit und Verlässlichkeit verpflichteten.

Natürlich war auch diese Beziehung nicht nur glücklich, sondern wie die meisten Beziehungen gelegentlich von Krisen überschattet. Was uns die beiden aber zum Thema Glück hinterlassen haben, ist ihre kompromisslose Aufforderung zur Selbstbestimmung und entschlossenen Gestaltung unseres Daseins. „Des Schicksals Sterne sind in deiner Brust", heißt es bei Friedrich Schiller. Und wie Schiller appellierten auch de Beauvoir und Sartre an die Menschen, ihr Leben frei und entschlossen in die eigene Hand zu nehmen. Dies sei für uns alle jederzeit möglich, denn, so Sartre:

Die Freiheit ist vollkommen und unendlich [...]. Die einzigen Grenzen, an die die Freiheit jeden Augenblick stößt, sind diejenigen, die sie sich selbst auferlegt.[4]

Weder Erbanlagen noch das gesellschaftliche Milieu können uns einschränken. Natürlich wussten auch Sartre und de Beauvoir, dass niemand selbst darüber entscheiden kann, ob er reich oder arm geboren wird. Auch war ihnen klar, dass es genetische Veranlagungen gibt, auf die wir keinen Einfluss haben, wie zum Beispiel die Augen- und Haarfarbe, die Musikalität, die Körpergröße und vieles mehr. Aber selbst angeborene Eigenschaften hindern uns nicht daran, absolut frei zu sein. Wir haben nämlich immer die Möglichkeit, uns diesen Naturanlagen gegenüber zu positionieren und uns ihnen gegenüber in bestimm-

ter Weise zu verhalten. So kann man seine Augen-
farbe, seine Körpergröße und seine Begabungen gut
oder schlecht, schön oder hässlich, als Hemmnis oder
als Ansporn interpretieren. Man kann sich beispielsweise frei entscheiden, die eigene Kleinwüchsigkeit
als Entschuldigung für ein scheiterndes Leben zu
nehmen, oder umgekehrt als Motivation für außer-
gewöhnliche Taten. Unsere Freiheit ist nach Sartre
an jedem Ort und zu jeder Zeit absolut. Allerdings
ist dies nicht nur ein Geschenk, sondern auch eine
Bürde. Die vielleicht berühmteste These von Sartre
lautet:

> Der Mensch ist dazu verurteilt, frei
> zu sein. Verurteilt, weil er sich nicht
> selbst erschaffen hat, und dennoch
> frei, weil er, einmal in die Welt
> geworfen, für all das verantwortlich
> ist, was er tut.[5]

Der Mensch kommt also nicht fertig auf die Welt. Er
muss sich erst zu dem machen, was er sein will. Da er
diese Freiheit von Natur aus hat und auch nicht einfach abschütteln kann, muss er sich selbst erschaffen

und dafür Verantwortung übernehmen. Dies in zweierlei Hinsicht: Zum einen hat er Verantwortung gegenüber anderen, die von seinen Handlungen betroffen sind und zum anderen gegenüber sich selbst, da er für sich selbst bestimmte Lebens-Möglichkeiten wählt oder ausschlägt. Denn, so Sartre:

Jede Wahl, setzt, wie wir sehen werden, Elimination und Auswahl voraus.[6]

Wenn ich beispielsweise Philosophie studiere, kann ich nicht mehr Profi-Fußballspieler oder Pilot werden; wenn ich heirate, bin ich zwar nicht mehr allein, verzichte aber gleichzeitig auf das abenteuerliche Single-Leben. Jede Entscheidung für den Zugewinn einer Lebensqualität bedeutet gleichzeitig den Verlust und die Elimination einer anderen. Entscheidung bedeutet im wörtlichen Sinne immer auch Scheidung von etwas, das nicht gelebt werden kann. Der Bräutigam verspricht seiner Braut vor dem Altar ewige Treue und verzichtet damit auf andere Liebespartnerinnen. Dieser endgültige Abschied von anderen Wahlmöglichkeiten wird in vielen Kulturen mit einem Junggesellenabend gefeiert, an dem der Bräutigam noch einmal seine Freiheit genießt und ihm alles erlaubt ist, bevor er dann für immer diszipliniert und monogam lebt. Ein solcher Prozess der Auswahl und gleichzeitigen Eliminierung von Möglichkeiten findet nicht nur bei großen Entscheidungen für den Ehepartner, die Ausbildung oder den Beruf statt, sondern auch in den vielen kleinen Alltagsentscheidungen. Wenn Sie beispielsweise gerade dieses Buch über das Glück lesen, treffen Sie in diesem Moment auch eine Wahl. Sie verzichten nämlich darauf, sich in derselben Zeit mit Freunden zu treffen, ein Bad zu nehmen oder irgendetwas anderes zu tun. So ist jede Entscheidung eine Eliminierung:

Der Mensch kann nicht umhin zu wählen: entweder bleibt er keusch, oder er heiratet, ohne Kinder zu bekommen, oder er heiratet und hat Kinder; was er auch tut, es ist ihm in jedem Fall unmöglich, nicht die totale Verantwortung angesichts dieses Problems zu übernehmen.[7]

Die Freiheit verdammt uns also dazu, auszuwählen und dafür Verantwortung zu übernehmen. Doch diese Verdammnis ist zugleich unser Glück. Durch die Auswahl und Eliminierung anderer Möglichkeiten bekommt jeder Augenblick seine ganz besondere Bedeutung. Denn unsere Zeit auf Erden ist sehr begrenzt. Wären wir unsterblich, könnten wir über Millionen Jahre hinweg jeden beliebigen Beruf ausüben, jedes Musikinstrument und jede Sportart erlernen und unendlich viele Liebesbeziehungen eingehen. So aber ist jede Entscheidung und jeder Moment unseres Lebens einzigartig und von besonderem Wert.

Deshalb sollten wir zu den kleinen und großen Entscheidungen unseres Lebens stehen und das Leben bewusst gestalten. Es wäre, so Sartre, „mauvaise foi", also Unaufrichtigkeit, wenn wir uns auf Erbanlagen, Milieu und Zufälle herausreden wollten. Dies hätte, so Sartre, der Schriftsteller Baudelaire getan, als er behauptete, die Vergangenheit würde sein Leben überschatten. So sagt Baudelaire, dass er seine Mutter über alles liebte und sich mit ihr für immer vereint fühlte. Als seine Mutter aber wieder heiratete, schickte sie ihn als Kind in ein Pensionat. Das habe ihn traumatisiert. Er konnte es ein Leben lang nicht verstehen, dass seine geliebte Mutter, statt mit ihm zusammenzubleiben, wieder heiratete und ihn abschob. Er fühlte sich verraten und ausgestoßen. Deshalb, so wurde auch von psychoanalytischer Seite gemutmaßt, hätte Baudelaire sich später schwergetan, zu Frauen normale Beziehungen aufzunehmen. Tatsächlich hatte er vorwiegend Verhältnisse mit Prostituierten. In seinem Buch „Mon coeur mis à nu" schreibt Baudelaire dann auch: „Gefühl der Einsamkeit seit meiner Kindheit. Trotz der Familie – und vor allem inmitten der Gefährten – immer das Gefühl eines in alle Ewigkeit einsamen Schicksals."

Sartre lässt das nicht gelten. Zwar sei Baudelaire tatsächlich ein Leben lang unglücklich und einsam gewesen, doch habe er sich letztlich selbst als einen zur Einsamkeit Verdammten erwählt. Baudelaires Erklärung für sein lebenslanges Unglück sei eine Art Selbstbetrug oder wie Sartre sagt „mauvaise foi". Er hätte die Trennung von der Mutter auch als Ansporn nehmen können, sich von nun an als einen in die Selbständigkeit entlassenen jungen Mann zu begreifen und somit die Trennung als schmerzhafte, aber notwendige Befreiung einordnen können. Stattdessen habe er das Ereignis zum Anlass genommen, sich für alle Zeit als Einsamen und Unglücklichen zu erwählen. Mit dem provozierten Scheitern seiner Beziehungen wollte er sich immer wieder beweisen, dass Bindungen für ihn sinnlos seien. Doch letztlich war es seine Entscheidung. Denn jeder Mensch, so Sartre, hat die Freiheit, sich zu seinem Schicksal in Beziehung zu setzen. Jeder ist seines Glückes Schmied.

Auch Simone de Beauvoir steht für diese existenzialistische Haltung, wonach wir uns zu unserer Erziehung, unserem Milieu, ja sogar zu unserer gesamten gesellschaftlichen Situation noch einmal frei und emanzipiert verhalten können. Wir sind einzig und allein selbst für unser Glück verantwortlich. De Beauvoir wendete sich sogar gegen das Jahrhunderte alte Rollenbild von Mann und Frau, das zu ihrer Zeit noch galt. Es sei ein Unding, dass Frauen in Europa immer noch in vielen Bereichen benachteiligt und auf ihre Rolle als Mutter reduziert werden. Berühmt wurde in diesem Zusammenhang ihr Satz:

Man ist nicht als Frau geboren, man wird es.[8]

Damit kritisierte sie die massive gesellschaftliche Zuschreibung eines Rollenbildes und warnte die Frauen davor, weiterhin diesem Wunschbild der Männer zu entsprechen:

> Wenn man uns sagt: ‚Immer schön Frau bleiben, überlasst uns nur all diese lästigen Sachen: Macht, Ehre, Karrieren [...]. Seid zufrieden, dass ihr so seid:

> erdverbunden, befasst mit den menschlichen Aufgaben.‘ [...] Wenn man uns das sagt, sollten wir auf der Hut sein![9]

De Beauvoirs Buch „Das andere Geschlecht" ist mehr noch als nur eine kritische soziologische Gesellschaftsstudie ein flammender Appell, die von Männern dominierte Welt nicht mehr länger hinzunehmen. Denn auch historisch gewachsene Rollenbilder können verändert werden und müssen unserem Glück nicht im Wege stehen. Auch ihr eigenes Leben, das sie selbstbestimmt und kämpferisch gegen alle Widerstände geführt hat, sieht sie als „Begabung zum Glück":

In meinem ganzen Leben bin ich niemandem begegnet, der so zum Glück begabt gewesen wäre wie ich – auch niemandem, der sich mit gleicher Hartnäckigkeit darauf versteift hätte.[10]

Was uns de Beauvoir und Sartre zum Thema Glück eindrucksvoll hinterlassen haben, ist ihre Aufforderung, uns selbst in unserer Freiheit zu erkennen, und entsprechend unserer Überzeugungen hartnäckig und mutig zu handeln:

Der Mensch ist nichts anderes als sein Entwurf, er existiert nur in dem Maße, in dem er sich verwirklicht.[11]

Sartre selbst war mit einer Körpergröße von 156 Zentimetern kleinwüchsig. Zudem hatte er bereits als Kind eine auffällige Fehlstellung der Augen, die ihm den Spott seiner Klassenkameraden einbrachte. Einmal schoben sie ihm im Unterricht unter der Bank sogar einen fingierten Zettel einer von ihm verehrten Klassenkameradin zu, in dem sie ihn zu einem Date einlud. Als er dort voller romantischer Gefühle eintraf und unter einem Baum auf das Mädchen wartete, schütteten ihm die Klassenkameraden einen Eimer Wasser über den Kopf. Das alles konnte ihn aber nicht von seinem großen Entschluss abhalten. Mit vierzehn Jahren beschloss er Schriftsteller zu werden und brachte es nach einigen schwierigen Jahren zu weltweiter Berühmtheit. Auch waren immer wieder attraktive Frauen an seiner Seite. Simone de Beauvoir genoss ebenfalls relativ früh den Ruhm einer bedeutenden Schriftstellerin, Philosophin und Feministin. Vielleicht wurden de Beauvoir und Sartre auch durch den Erfolg ihrer Lebensentwürfe darin bestätigt, dass der Mensch absolut frei ist und alles erreichen kann, wenn er es wirklich will.

In jedem Fall aber gibt uns ihr Appell, entschlossen und frei zu leben, den wichtigen Impuls, Unglück nicht einfach hinzunehmen oder gar mit unserer Vergangenheit zu rechtfertigen, sondern für unser

Glück etwas zu tun. Wir können dies jederzeit, unabhängig davon, in welcher Lebenslage wir gerade sind, denn unsere Freiheit ist absolut.

Weg 2

Bist du mit dir und deinem Leben unzufrieden, dann ändere beides! Erfinde dich neu. Du bist, wozu du dich machst. Nichts kann deine Freiheit begrenzen, außer du selbst.

3.

Den Blues der Seele zulassen –

mit Kafka und Nietzsche die Amor Fati teilen

Der Existenzialismus mit seiner Idee des absolut freien Individuums, das sich aus allen Zwängen der Vergangenheit befreien und sein Leben selbst in die Hand nehmen kann, hat in der zweiten Hälfte des 20. Jahrhunderts ganze Generationen beflügelt. Wenn

de Beauvoir und Sartre recht haben, können wir
uns durch einen positiven Selbstentwurf aus jeder
Depression befreien sowie uns selbst und die ganze
Welt verändern. Unser Glück hängt im Wesentlichen
von unserer eigenen Entschlossenheit ab.

Doch nicht allen Menschen ist diese Fähigkeit ge-
geben, sich am eigenen Schopf aus dem Sumpf zu
ziehen. Einigen Menschen steht gerade ihr Denken
und ihre Selbstwahrnehmung im Weg. Es hemmt sie
und versetzt sie in ein Gefühl der Ohnmacht. Das
vielleicht weltweit bedeutendste Zeugnis für die Un-
möglichkeit der existenzialistischen Selbstbefreiung
legt wohl der Schriftsteller Franz Kafka ab.

In seinen Romanen und Kurzgeschichten beschreibt
er immer wieder Menschen, die zwar im Sinne von
Sartre und de Beauvoir durchaus Willens sind, ihr
Leben zu gestalten und zu meistern, die aber am
Ende gnadenlos scheitern. An Stelle der existenzialistischen Erfahrung der eigenen Freiheit, im Leben
etwas bewirken zu können, machen Kafkas Protagonisten die umgekehrte Erfahrung, dem Lauf
der Dinge zunehmend ohnmächtig ausgeliefert zu
sein. Sie kämpfen vergeblich darum, ihr Leben in
den Griff zu bekommen und es tatkräftig zu verändern. In der Geschichte *Der Hungerkünstler* versucht
der Hauptdarsteller für seine asketische Leistung,

enorm viele Tage ohne Essen auszukommen, von den anderen Menschen anerkannt und gewürdigt zu werden, stirbt aber letztlich an deren Desinteresse. Sie vergessen ihn nämlich in seinem Show-Käfig am Rande des Zirkuszeltes und lassen ihn buchstäblich verhungern. In Kafkas Erzählung *Das Urteil* kämpft ein Sohn verzweifelt gegen die Ablehnung durch den Vater, kann ihn aber nicht besänftigen. Der Vater verurteilt ihn im Streit „zum Tode durch Ertrinken". Tatsächlich stürzt sich der Sohn von einer Brücke in den Fluss:

[...] zum Wasser trieb es ihn. [...] Er [...] rief leise: „Liebe Eltern, ich habe euch doch immer geliebt", und ließ sich hinabfallen.[12]

In Kafkas weltberühmten Roman *Der Prozess* wird der Protagonist wegen eines ihm unbekannten Vergehens angeklagt, kann aber trotz all seiner Bemühungen nicht herausfinden, wer ihn angezeigt hat und weshalb man ihm den Prozess macht. Schließlich wird er, ohne zu wissen warum, hingerichtet.

Die Ohnmacht seiner Protagonisten auf ihrer Suche nach Glück ist ein wiederkehrendes Motiv in allen Erzählungen Kafkas. In seiner wohl ergreifendsten Erzählung *Die Verwandlung* beschreibt uns Kafka das Schicksal des Handlungsreisenden Gregor Samsa, der eines morgens in seinem Bett aufwacht und feststellen muss, dass er sich über Nacht in einen Käfer verwandelt hat. Zwar erkennen ihn die Eltern auch in seiner neuen Insektengestalt noch als Sohn beziehungsweise die Schwester als Bruder, doch anstatt ihm in seiner Notlage beizustehen, reagiert die Familie zunehmend verärgert und aggressiv. Sie befürchten, dass er nicht mehr zur Arbeit gehen und die Familie ernähren kann. Der in den Käfer verwandelte Gregor Samsa wird trotz seiner Bemühungen, gesund zu werden und die andern so wenig wie möglich mit seinem unansehnlichen Äußeren zu belasten, eingesperrt, allein gelassen und am Ende sogar totgesagt. „Weg muss es!", ruft seine Schwester und fordert den Vater auf, den zum Käfer verwandelten Bruder endlich aus dem Haus zu werfen. Doch dieser kommt dem Rauswurf durch sein Ableben zuvor:

> Seine Meinung darüber, daß er verschwinden müsse, war womöglich noch entschiedener, als die seiner Schwester. In diesem Zustand leeren und friedlichen

> Nachdenkens blieb er [...]. Dann sank sein Kopf ohne seinen Willen gänzlich nieder, und aus seinen Nüstern strömte sein letzter Atem schwach hervor.[13]

Alle Erzählungen und Romane Kafkas laufen darauf hinaus, dass sich die Menschen eben oft nicht, wie Sartre und de Beauvoir es fordern, in die Welt einbringen und diese tatkräftig verändern können. Kafkas Helden sind und bleiben bis zum Schluss allein und ohnmächtig in einer für sie abweisenden und fremden Welt.

Was bedeutet das aber für die Suche nach dem Glück? Ist die Lektüre von Kafkas Geschichten nicht eher dazu geeignet, uns unglücklich und depressiv zu machen? Sind seine Schilderungen vom tiefen Gefühl des Ausgeliefert-Seins und der Ohnmacht vielleicht sogar der Weg ins Unglück? Oder liegt gerade umgekehrt in der Schilderung der Schattenseiten des Menschseins ein Hinweis auf ein gelingendes Leben? Kafka sieht den Kern des Menschseins in der Angewiesenheit der Menschen auf andere Menschen:

Untereinander sind sie durch Seile verbunden, und bös ist es schon, wenn sich um einen die Seile lockern und er ein Stück tiefer sinkt als die andern in den

leeren Raum, und gräßlich ist es, wenn die Seile um einen reißen und er jetzt fällt.[14]

Die Menschen, so Kafka, sind wie Bergsteiger untereinander mit Seilen verbunden, mit denen sie sich gegenseitig absichern. Ein Leben lang bekommen sie Kraft durch den Zuspruch und die Anerkennung der anderen. Doch diese Angewiesenheit auf den Zuspruch ihrer Mitmenschen birgt zugleich die Gefahr, von diesen nicht – oder nicht mehr – anerkannt zu werden. Bleibt der Zuspruch oder die liebende Anerkennung aus, wird man exkommuniziert, gemobbt oder totgesagt, dann tut sich, so Kafka, ein gefährlicher Abgrund auf. Diesem Abgrund kann man bei aller existenziellen Entschlossenheit aus eigener Kraft nicht mehr entkommen. Nicht nur seine Romanfiguren, auch Kafka selbst litt seit seiner Kindheit unter dem Gefühl, nicht wirklich in der Welt, der Familie und der Gesellschaft angekommen zu sein:

Als ich heute in der schlaflosen Nacht alles immer wieder hin- und hergehn ließ zwischen den schmerzenden Schläfen, wurde mir wieder [...] bewußt, auf was für einem schwachen oder gar

nicht vorhandenem Boden ich lebe, über einem Dunkel, aus dem die dunkle Gewalt nach ihrem Willen hervorkommt und [...] mein Leben zerstört.[15]

Kafka erfuhr in der Kindheit eine massive Ablehnung. Sein Vater, ein brachialer Geschäftsmann, hielt ihn für verweichlicht, verbot ihm, Bücher zu lesen. Auch seine frühen Schreibversuche wurden als „das gewöhnliche Zeug" abgetan. Noch als Erwachsener hat er keinerlei Selbstsicherheit und Vertrauen in sein literarisches Schaffen. So arbeitet er vierzehn Jahre lang Tag für Tag als Jurist in einer Versicherung. Nur in den Nächten kann er sich dem Schreiben widmen. Und nur dank seinem „nächtlichen Gekritzel", fühlt er sich lebendig:

Das Schreiben erhält mich [...][16]

Es gelingt Kafka schließlich, einen Umgang mit seinen Gefühlen der Ablehnung und der Unsicherheit zu finden. Er verdrängt diese nicht, sondern bringt sie in literarisch ergreifender Form zu Papier. Seine Geschichten sind deshalb so ergreifend, weil er die dunklen Seiten des Lebens schonungslos aufzeigt, dabei aber immer auch auf die Möglichkeit des gelingenden Lebens verweist. „Schatten", so sagt Kafka selbst, „löschen die Sonne nicht aus". Er versucht die Wahrheit des Lebens in all seinen Höhen und Tiefen zu erkennen. Darin besteht sein persönlicher Weg zum Glück. In sein Tagebuch schreibt er:

Ich prüfte die Wünsche, die ich für das Leben hatte [...]. Als wichtigster [...] ergab sich der Wunsch, eine Ansicht des Lebens zu gewinnen, in der das Leben zwar sein natürliches schweres Fallen und Steigen bewahre aber gleichzeitig mit nicht minderer Deutlichkeit als ein Nichts, als ein Traum, als ein Schweben erkannt werde.[17]

Bei aller Fremdheit, mit der Kafka dem Leben gegen-
überstand, hat er dieses doch so zu zeigen versucht,
wie es ist: ein Zusammenspiel von Schatten und
Sonne, von Fallen und Steigen, von Schrecken und
Schönheit. Und er war nicht der Einzige. Der ebenfalls in Prag geborene Rainer Maria Rilke hat es wohl
ähnlich empfunden:

„Lass dir Alles geschehn: Schönheit und Schrecken.
 Man muss nur gehn: Kein Gefühl ist das fernste.
 Laß dich von mir nicht trennen.
 Nah ist das Land, das sie das Leben nennen."[18]

Um glücklich zu sein, das können wir von Kafka und Rilke lernen, dürfen wir uns nicht von unseren Gefühlen trennen, nicht von den gehobenen und auch nicht von den traurigen. Das heißt, wir müssen gerade auch unser Alleinsein, unsere Verluste und unsere Traurigkeit durchleben und von Zeit zu Zeit den Blues der Seele zulassen. Die Empfehlung der sogenannten „Positiven Psychologie", sich allein mit „positivem Denken" von den eigenen negativen Gedanken und Gefühlen zu befreien und damit das Glück beziehungsweise glückliche Gefühle zu ermöglichen oder zu erzwingen, ist für Menschen wie Kafka und Rilke wenig hilfreich. Es macht für sie keinen Sinn, Gefühle und Zeiten des Unglücks auszublenden oder zu versuchen, das Leben umzudeuten. Auch eine Art existenzialistischer Kraftakt, in dem man sich entschlossen aus jeder Traurigkeit und Ohnmacht selbst befreit, kommt für Kafka und Rilke nicht in Frage. Denn in der Wirklichkeit ist es nicht so einfach, sich am eigenen Schopf mitsamt seinem Pferd aus dem Sumpf zu ziehen, wie es dem berühmten Baron von Münchhausen gelungen ist. Eine solche Selbstbefreiung ist höchst fragwürdig. Münchhausen gilt als der „Lügenbaron". Vor allem aber ist es nur ein Märchen.

In der Wirklichkeit ist jedes menschliche Leben gekennzeichnet vom schmerzhaften Tod geliebter

Menschen, von Phasen des Alleinseins, der Krankheit, der Verlassenheit und der Ohnmacht. Selbst wenn es im Leben mal eine längere Phase glücklicher Ereignisse gibt, also eine Aneinanderreihung von erfreulichen Erlebnissen, spricht man nur von einer sogenannten „Glückssträhne". Aber wie jede Strähne reißt auch diese irgendwann ab. Denn: „Glück erhebt sich aus Unglück, und Unglück ist bereits im Glück verborgen". So lautet bereits eine Lebensweisheit des legendären fernöstlichen Denkers Laotse.[19] Tatsächlich gehört das Auf und Ab des Lebens unvermeidlich zu unserem Schicksal. Es muss als solches angenommen werden. Dazu fordert uns auch der Philosoph Nietzsche in eindringlicher Weise auf:

Meine Formel für die Grösse am Menschen ist amor fati: Das Nothwendige nicht bloss ertragen, noch weniger verhehlen, [...] sondern es lieben.[20]

Nietzsche empfiehlt uns an dieser Stelle die sogenannte „Amor Fati", die „Liebe zum Schicksal" und somit einen Zustand höchstmöglicher Lebensbejahung. Das bedeutet, dass wir die traurigen Momente des Lebens gleichermaßen zu schätzen wissen wie die freudigen. Den höchsten Zustand der Lebensbejahung erreichen wir nur dann, wenn es uns gelingt, auch die Tragik des Lebens liebend zu umarmen:

Amor fati: das sei von nun an meine Liebe! Ich will keinen Krieg gegen das Hässliche führen [...]. Und, Alles in Allem und Großen: ich will irgendwann einmal nur noch ein Ja-sagender sein! [21]

Nietzsche bezeichnet sich selbst an einer Stelle als den letzten Stoiker, aber das stimmt nur teilweise. Im Unterschied zu den Stoikern, die den Höhen und Tiefen des Lebens mit Gelassenheit und Apathie begegnen, fordert Nietzsche die aktive Bejahung des ganzen Kosmos mit all seinen Zumutungen und Schmerzen. Die Zumutungen und Schmerzen des Lebens gilt es nicht nur mit innerer Seelenruhe zu ertragen, wie die Stoiker empfehlen, sondern darüber hinaus zu lie-

ben und entschlossen auf sie zuzugehen. Ein starker
Geist im Sinne Nietzsches interpretiert die Welt auf
sich hin. Dabei besteht die größte Herausforderung
darin, auch die Erfahrungen des Schrecklichen und
Grausamen in sein Leben einzubinden. Erst darin, so
Nietzsche, erweist sich dann die eigentliche Fähigkeit zum Akzeptieren des Schicksals und der Entfaltung der eigenen „tragischen Größe".

Wir müssen letztlich beide Stimmungen an uns her-
anlassen und ausleben, die gehobenen und die gedrückten. Auch der Trauer, dem Alleinsein und dem
Leiden an der Welt kann eine große Qualität zukommen, die wir erkennen und zulassen sollten. Das
ist nicht einfach. Wenn beispielsweise ein geliebter
Mensch stirbt oder man von einer schweren Krankheit erfährt, scheint es fast unmöglich, diese Erfahrung liebend in das eigene Leben einzubinden. Oft
gelingt so etwas erst mit einigem Abstand, dennoch
spricht vieles dafür, es zu versuchen.

Was uns Kafka und Nietzsche nahelegen, ist ein Weg
zum Glück, der auf den ersten Blick in keiner Weise
den Anschein macht, überhaupt ein solcher zu sein.
Es ist ein schonungsloser Weg, ein Weg der abso-
luten Ehrlichkeit zu sich selbst, der hindurchführt
durch unsere Schwächen, Niederlagen und Ängste;
ein Weg, der sie uns schmerzhaft spüren und doch

lieben lässt. Die österreichische Erzählerin Marie Freifrau von Ebner-Eschenbach hat es auf den Punkt gebracht: „Sich glücklich fühlen können auch ohne Glück – das ist Glück."[22]

Weg 3

Lebe deine Stimmungen, die Guten und die gedrückten! Versöhne dich mit deinem Schatten, den Schicksalsschlägen, dem Alleinsein und dem Tod. Umarme auch die dunklen Seiten des Lebens.

4.

Das Glück der Selbst- verwirklichung –

mit Heidegger nach der eigenen Bestimmung suchen

Selbstverwirklichung ist das ganz große Zauberwort der Moderne. Im Zeitalter des Individualismus, so heißt es, kann und soll sich jeder Mensch gemäß seinen Anlagen, Talenten und Fähigkeiten frei entfalten. Gelingt dies und wird die daraus hervorgehende

Leistung von den anderen Menschen wertgeschätzt, dann ist damit die Grundlage für ein glückliches Leben geschaffen. Wer beispielsweise in frühester Jugend seine Liebe und Leidenschaft zum Klavierspielen entdeckt, sich mit entsprechender Übung nach und nach zu einem virtuosen Pianisten entwickelt, Konzertsäle füllt und sich selbst und andere mit seinem Spiel für die Musik begeistert, hat gute Chancen auf ein erfülltes Leben.

Augustinus hat das so formuliert: „In dir muss brennen, was du in anderen entzünden willst". Wer seine große Leidenschaft im Leben entfalten kann, wird auch andere damit begeistern. Das Glück der Selbstverwirklichung beruht aber nur in wenigen Einzelfällen auf der Entfaltung einer einzigen großen Begabung oder Leidenschaft. Die meisten Menschen, die das Glück haben, sich selbst in ihrem Leben verwirklichen zu können, schaffen dies mit einer Kombination von mehreren, für sich genommen, unscheinbaren Fähigkeiten. So verfügt beispielsweise der bekannte Fußballtrainer Jürgen Klopp über Spielverständnis, taktische und psychologische Fähigkeiten, die jungen Spieler zu entwickeln, soziale Kompetenz, Ehrgeiz und vor allem über das Talent, eine Mannschaft zu motivieren. Klopp gilt als „emotionaler Berserker, Umarmer und Ansporner". Aber letztlich verdankt er seinen Erfolg als Trainer doch der Kombination einer Vielzahl von Einzeltalenten. Klopp sieht sich selbst als glücklichen Menschen, da er seinen Traum, mit Fußball seinen Lebensunterhalt zu verdienen, verwirklichen konnte: „Ich bin sehr dankbar", sagt er in einem Interview, „ich hatte noch keinen einzigen Tag, an dem ich mir gedacht habe, verdammt, ich muss zur Arbeit."

In der Tat spricht es für einen hohen Grad an Selbstverwirklichung, wenn man gerne zur Arbeit geht.

Selbstverwirklichung muss sich aber nicht ausschließlich auf das Berufsleben beziehen. Manche Menschen wünschen sich eine große Familie mit vielen Kindern und ziehen ihre Zufriedenheit daraus, geliebt zu werden und zu lieben. Wieder andere sehen ihre Selbstverwirklichung in der Umsetzung einer gesellschaftlichen oder politischen Vision, an der sie aktiv teilnehmen. Und nochmals andere wie der legendäre Don Juan sehen ihre Bestimmung schlicht und einfach darin, sich immer wieder aufs Neue zu verlieben und Frauen für die Liebe zu entflammen. In jedem Fall aber geht es darum, seine Wünsche mit der Wirklichkeit in Einklang zu bringen. Das gelingt den Menschen aber meist nur sehr begrenzt. Die Wenigsten können, wie es so schön heißt, ihr Hobby zum Beruf machen. Kafka beispielsweise arbeitete

die meiste Zeit seines Lebens als Versicherungsan-
gestellter und schrieb nur in den Nächten an seinen
Erzählungen. Er war aus finanziellen Gründen gezwungen, eine Art Doppelleben zu führen.

So wie Kafka haben viele Schriftsteller, Künstler und
Schauspieler, die ihren Traum verwirklichen wollen,
neben ihrer künstlerischen Tätigkeit noch einen sogenannten Brot-Job, um sich finanziell über Wasser
zu halten. Die Selbstverwirklichung wird gerne als
der Königsweg zum Glück gefeiert, doch dieser Weg
steht keineswegs allen Menschen offen. Erschwert
wird die Selbstverwirklichung nicht nur durch ma-
terielle Zwänge, die uns einschränken. Das Problem
kann allein schon darin bestehen, dass man gar nicht
genau weiß, welche Eigenschaften man verwirklichen soll. Was ist mein innerstes Selbst, das ich verwirklichen will? Oft entscheidet man sich bei der
Wahl der Ausbildung, des Studiums und des Berufes
letztlich doch pragmatisch für einen naheliegenden,
erreichbaren oder Sicherheit versprechenden Weg.

Und doch macht es Sinn, wenn wir an bestimmten
Punkten im Leben innehalten und versuchen, das
zu verwirklichen, was uns Freude macht und wofür
wir vielleicht eine besondere Begabung haben. Oscar
Wilde hat die Selbstverwirklichung sogar als die vor-
rangige und wichtigste Aufgabe des Menschen be-

zeichnet: „Ziel des Lebens ist Selbstverwirklichung. Das eigene Wesen völlig zur Entfaltung zu bringen, das ist unsere Bestimmung."

Ist also die Selbstverwirklichung am Ende doch der Königsweg zum Glück? Zunächst einmal muss man feststellen, dass Selbstverwirklichung eine sehr moderne Idee ist. Noch im Mittelalter mussten die Menschen ihr Glück innerhalb sehr enger Grenzen suchen. Zünfte, Gilden, Traditionen und Glaubensgemeinschaften gaben den Weg vor und zwar einen eng begrenzten. Der erstgeborene Sohn des Bauern wurde Bauer, der Sohn der Schmieds wurde Schmied, die Tochter der Magd wurde wieder Magd. Erst in den modernen arbeitsteiligen, industrialisierten Informationsgesellschaften sind die Menschen ein Stück weit frei, ihr Leben selbst zu gestalten. Man kommt nicht mehr als Kind eines Adligen, Bauern, Handwerkers oder Knechtes zur Welt, um in deren Fußstapfen zu treten, sondern hat freie Berufswahl. Und nicht nur das. Auch unsere Lebenspartner wählen wir selbst und werden nicht mehr wie früher durch die Eltern verheiratet.

Die äußeren Zwänge haben so gesehen abgenommen. Und dennoch müssen wir auch heute noch um unsere Selbstverwirklichung kämpfen. In einem noch nie dagewesenen Ausmaß versorgen uns Internet, Social-Media-Plattformen, Werbung, Film und Fernsehen mit Idealbildern, deren manipulativer Kraft wir uns kaum entziehen können. Hinzu kommen die Zwänge und Ängste der Existenzsicherung.

Auch der Philosoph Heidegger sieht die Menschen einem massiven Anpassungsdruck ausgesetzt. Wir glauben zwar, uns jeden Tag frei entscheiden zu können, in Wirklichkeit aber, so Heidegger, sind wir im Alltag gerade nicht ‚wir selbst', sondern, ohne es zu merken, fremdbestimmt:

Vielleicht sagt das Dasein im nächsten Ansprechen seiner selbst immer: ich bin es und am Ende dann am lautesten, wenn es dieses Seiende ‚nicht' ist.[23]

Das alltägliche und durchschnittliche ‚Wer' des Daseins mit seinen Meinungen und Zielen, ist, so Heidegger, oft gar nicht mehr ein ‚Ich Selbst', sondern ein ‚die Anderen'. Heidegger beklagt das ‚Verfallensein' an das anonyme ,man'. Wir tun nicht mehr, was wir tun wollen, sondern nur noch das, was ,man' halt so tut:

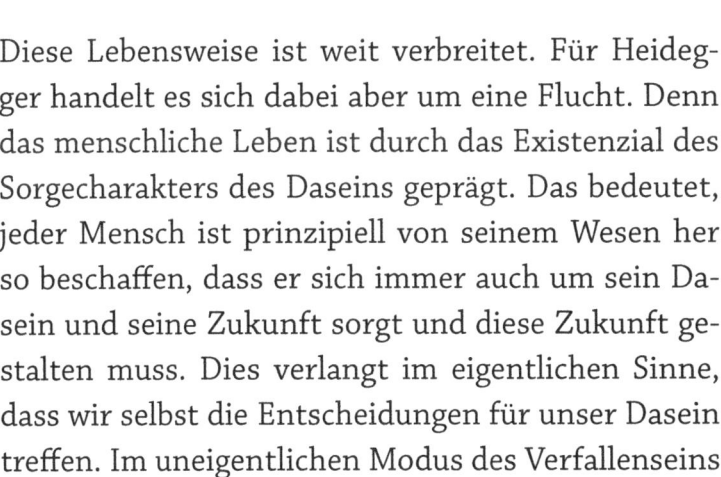

> Wir genießen und vergnügen uns, wie man genießt; wir lesen, sehen und urteilen über Literatur und Kunst, wie man sieht und urteilt; wir ziehen uns

> aber auch vom ,großen Haufen' zurück, wie man sich zurückzieht; wir finden ,empörend', was man empörend findet [24]

Diese Lebensweise ist weit verbreitet. Für Heidegger handelt es sich dabei aber um eine Flucht. Denn das menschliche Leben ist durch das Existenzial des Sorgecharakters des Daseins geprägt. Das bedeutet, jeder Mensch ist prinzipiell von seinem Wesen her so beschaffen, dass er sich immer auch um sein Dasein und seine Zukunft sorgt und diese Zukunft gestalten muss. Dies verlangt im eigentlichen Sinne, dass wir selbst die Entscheidungen für unser Dasein treffen. Im uneigentlichen Modus des Verfallenseins an das ‚man' wird die Ausgestaltung des sorgenden In-der-Welt-Seins den anderen und der Gesellschaft überlassen, insofern man sich ausschließlich an der Mehrheitsmeinung orientiert, an allgemeinen Verhaltensweisen und Idealen. Wir orientieren uns an ‚Allen und Niemandem':

Dieses wahllose Mitgenommenwerden von Niemand, wodurch sich das Dasein in die Uneigentlichkeit verstrickt, kann nur dergestalt rückgängig gemacht werden, dass sich das Dasein eigens aus der Verlorenheit in das Man zurückholt zu ihm selbst.[25]

Wie aber kann sich das Dasein aus der Verlorenheit zurückholen und wieder zu sich selbst finden? Menschen, die sich zuvor Monate, vielleicht auch Jahre oder ein halbes Leben lang am anonymen ‚man' orientiert haben, können nicht einfach sagen, ‚ab morgen entscheide ich wieder selbst über mein Leben'. Es bedarf in der Regel einer existenziellen Krise, in der die Man-Welt zusammenbricht. Erst dann eröffnet sich uns die Möglichkeit, unser Selbst-Sein-können wieder zu erfahren und zu ergreifen. Solche Lebenskrisen sind dann, so Heidegger, ganz wesentlich von einer Stimmung begleitet, die unser Dasein als Ganzes erfasst und erschüttert. Es ist die unheimliche Stimmung der Angst, die uns vereinzelt, auf uns selbst zurückwirft und unser bisheriges Leben in Frage stellt. Im Gegensatz zur Furcht, wenn man sich beispielsweise vor einem bissigen Hund, einer Krankheit oder einem Krieg fürchtet, hat die Angst oft gar keinen konkreten Gegenstand. Bei einem Burnout oder einer anderen existenziellen Krise ängstigt sich die Angst, wie Heidegger sagen würde, vor dem Nichts:

Das Nichts, davor die Angst bringt, enthüllt die Nichtigkeit, die das Dasein in seinem Grunde bestimmt [...].[26]

Denn in solchen Krisensituationen gibt es in uns, so Heidegger, nichts, das uns sagt, ob und wie wir weiterleben sollen. Wir könnten uns theoretisch auch gegen unser eigenes Leben entscheiden, wie es etwa Suizidenten tun. Die Angst als Lebensangst besteht für Heidegger letztlich darin, dass wir unsicher sind und uns fragen, ob wir die Aufgabe des Lebens überhaupt noch übernehmen können. Das Leben lebt sich ja nicht von selbst. Es muss gelebt werden, es hat Aufgabe-Charakter. Aber gerade diese Stimmung der Angst vor dem Nichts, das uns ausmacht, zwingt uns zu der Entscheidung, dass wir weiterleben wollen und zu der Entscheidung wie wir das tun wollen. Eben darin liegt auch eine große Chance:

Allein in der Angst liegt die Möglichkeit eines ausgezeichneten Erschließens, weil sie vereinzelt. Diese Vereinzelung

holt das Dasein aus seinem Verfallen zurück und macht ihm Eigentlichkeit und Uneigentlichkeit als Möglichkeiten seines Seins offenbar.[27]

Tatsächlich gehen viele Menschen aus Lebenskrisen gestärkt hervor, weil sie gezwungen wurden, sich selbst neu zu entwerfen und sich neu zu orientieren. Aber selbst, wenn wir uns im Sinne Heideggers entschlossen für unser Leben entscheiden, stellt sich die Frage, wie wir es konkret gestalten sollen.

Heidegger betont, dass ein eigentliches und selbst gewähltes Dasein bei jedem Menschen individuell verschieden ist und von den je eigenen Vorstellungen und Zielen abhängt. In jedem Fall aber ermutigt er uns, die Selbstverwirklichung jenseits aller Fremdbestimmung zu suchen – und dies nicht nur in der Stimmung der Angst. In seinem Spätwerk ergänzt er, dass auch in der Stimmung der Langeweile sowie der Gelassenheit eine Vereinzelung stattfinden kann, in der wir die Chance haben, uns wieder auf unsere Eigentlichkeit zu besinnen. Die Selbstverwirklichung ist zweifellos ein wichtiger Baustein für unser Glück und unser subjektives Wohlbefinden.

Dabei handelt es sich nicht um eine einzelne Entscheidung, sondern im Grunde um eine lebenslange Aufgabe, die sich immer wieder neu stellt. Selbst wenn wir ein Lebensziel gefunden haben, für das wir uns begeistern, kann sich dieses Glück irgendwann wieder verflüchtigen. Der Schriftsteller Bernard Shaw hat in Bezug auf die Selbstverwirklichung und Errei-

chung von Lebenszielen eine weise Feststellung gemacht: „Es gibt zwei Tragiken: Einen Lebenswunsch
nicht zu erreichen und zweitens: ihn erreichen."

Der erste Teil von Shaws Aussage ist leicht zu verstehen. Erfüllt sich ein Lebenswunsch nicht, ist das
tragisch, aber warum ist es tragisch, wenn er sich
erfüllt? Shaw will damit sagen, dass die Erreichung
eines lang gehegten Zieles die Gefahr birgt, danach
in ein tiefes Loch zu fallen und eine große Leere zu
empfinden, da die bisherige Orientierung plötzlich
wegfällt. Es bleibt einem dann nichts anderes übrig,
als sich neu zu positionieren.

Selbstverwirklichung ist und bleibt also ein sehr ver-
schlungener Weg, den jeder von uns immer wieder
aufs Neue suchen und gehen muss. Aber das ändert
nichts daran, dass wir uns im Sinne Heideggers von
Zeit zu Zeit darauf besinnen sollten, ob wir uns auf
einem Weg befinden, der uns entspricht oder ob wir
nur im allgemeinen Trott mitlaufen:

Weg 4

Befreie dich aus dem gesellschaftlichen Zwang innerer und äußerer Anpassung. Verwirkliche das, was in dir steckt und gelebt werden will.

5.

Let it go!
Cool bleiben und loslassen –
das Glück der Stoiker

Einen ganz anderen Weg zum Glück empfehlen uns die Stoiker. Anders als etwa bei Heidegger oder Sartre geht es ihnen nicht so sehr um eine entschlossene Selbstverwirklichung in der Außenwelt, als vielmehr um eine innere Haltung, mit der wir die Außenwelt gelassener hinnehmen können. Die Ursachen für die Empfindung von Glück und Unglück sind, laut den Stoikern, ja letztlich nur unsere eigenen Bedürfnisse. Werden sie erfüllt, sind wir glücklich, werden sie nicht erfüllt, sind wir unglücklich. Doch leider ist, so die Stoiker, eine gewisse Nicht-Erfüllung unserer Wünsche bereits vorprogrammiert. Denn wir alle haben Bedürfnisse wie z.b. gesund, erfolgreich, gutaussehend, anerkannt, von Familie und Freunden geliebt, zufrieden und unsterblich zu sein, was aber im Leben praktisch unmöglich ist. Wir müssen altern, wir verlieren geliebte Menschen, müssen irgendwann sterben und können uns dem „Auf und Ab des Lebens", den Höhen und Tiefen, niemals komplett entziehen. Zudem gehen unsere Wünsche und unsere Phantasien oft weit über das hinaus, was die Realität jemals zu befriedigen in der Lage ist.

Da wir die äußeren Zumutungen des Lebens nicht beeinflussen können, gilt es, so die Schlussfolgerung der Stoiker, unsere Bedürfnisse und Wünsche an die Außenwelt in den Griff zu bekommen und im Bestfall sogar zu überwinden. Wenn uns dies gelingt und wir einen inneren Frieden mit uns selbst schließen, dann können uns die äußeren Zumutungen nicht mehr so stark treffen. Es wird ihnen die Schwere genommen und wir sind glücklich.

Der Stoiker Epiktet rät uns in seinem berühmten Handbüchlein der Moral, den Begehren und Wünschen nicht einfach nachzugeben, sondern sie bewusst zu steuern. Wenn wir nämlich im Leben zu vieles und zu ausgefallene Dinge begehren, entstehen schmerzhafte Lücken zwischen unserer Wunschvorstellung und deren Erfüllung. Epiktet warnt uns eindringlich:

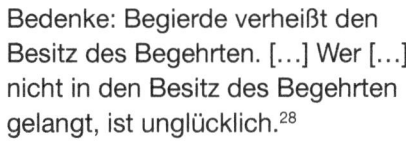

Bedenke: Begierde verheißt den Besitz des Begehrten. [...] Wer [...] nicht in den Besitz des Begehrten gelangt, ist unglücklich.[28]

Es besteht also immer die Gefahr, dass wir auf der Suche nach einem guten Leben in die Falle unserer eigenen Wünsche geraten. Genau diese Feststellung nimmt die gesamte stoische Philosophie zum Ausgangspunkt. Es ist letztlich nicht die Außenwelt, die uns glücklich oder unglücklich macht, sondern es sind unsere eigenen Wünsche und Gedanken, die darüber entscheiden. Wer zum Beispiel jahrelang jede Woche vergeblich Lotto spielt, leidet ursächlich meist weniger an seinen realen materiellen Verhältnissen, als vielmehr an seinem Wunsch, Millionär zu werden. Denn, so Epiktet, nicht die Armut bewirkt den Schmerz, sondern die Begierde, reich zu sein.

Es lebt sich leichter, besagt die stoische Glücksformel, wenn es uns gelingt, das zu wollen, was wir aus eigener Kraft erreichen können oder vielleicht schon haben – und sei es auch die eigene Gesundheit und Unbeschwertheit. Das erinnert zunächst an die alte Volksweisheit „arm, aber glücklich". Doch Epiktet und der stoischen Philosophie geht es um weitaus mehr als nur um die Befreiung vom Materialismus. So steht nach Epiktet nicht einmal der Wunsch, von den Eltern geliebt zu werden, in unserer Macht. Auch dieser Wunsch birgt die Gefahr, etwas Unerreichbarem hinterherzulaufen und frustriert zu werden. Eine gewisse Zurückhaltung bei all unseren Wünschen ist daher der erste Schritt auf dem Weg zu einem erfüllten Leben. Epiktet (ca. 50 – 138 n.Chr.) lebte selbst in einfachsten Verhältnissen im alten Rom. Er arbeitete bis zu seiner Freilassung als Haussklave. Aber auch danach, als er bereits eine eigene Philosophenschule eröffnet hatte, blieb er bescheiden. Der Überlieferung nach hatte sein Haus in Rom nicht einmal eine Verriegelung, da Epiktet nach eigener Aussage nichts Wertvolles besaß, das für einen Dieb von Interesse sein könnte.

Generell, so warnt uns Epiktet, sollte man sich durch das Fehlen von materiellen Dingen nicht beunruhigen lassen. Sie haben oft keinen Wert an sich, sondern verdanken ihre Wertschätzung lediglich den Zuschreibungen anderer und der Übernahme dieser Zuschreibungen in unsere Vorstellungen:

> Nicht die Dinge selbst beunruhigen die Menschen, sondern die Vorstellungen von den Dingen.[29]

Die Glücksformel der Stoiker besteht aber nicht nur in dem Vorsatz, das zu wollen, was man schon hat oder was man mit einfachen Mitteln bekommen kann. Für ein dauerhaftes Glück müssen wir zu allererst unterscheiden lernen, was wir ändern können und was nicht, oder anders ausgedrückt, was in unserer Macht steht – und was nicht:

> In unserer Gewalt steht unser Denken, unser Tun, unser Begehren, unsere Abneigung, kurz: alles, was von uns selber kommt. Nicht in unserer Gewalt steht [...] alles, was nicht von uns selber kommt.[30]

Nicht in unserer Macht stehen also beispielsweise Erkrankungen des Körpers, Gesundheit, Liebesglück, Erbschaften, Reichtum, Unfälle, Altern, Tod etc. Wenn wir aber Dinge begehren oder fürchten, auf die wir keinen Einfluss haben, fühlen wir uns zwangsläufig ohnmächtig und unglücklich. Doch, so tröstet uns Epiktet, genau das soll und muss nicht so sein. Wir können dank der stoischen Philosophie unsere innere Einstellung dahingehend verändern, dass wir unabhängig und frei werden:

Hältst du aber nur das Deine für dein eigen, das Fremde aber als das, was es ist: fremd, so wird nie jemand dich zwingen, nie jemand dich hindern, du wirst [...] nie etwas wider Willen tun. Niemand

wird dir schaden, du wirst keinen Feind haben; denn nichts Schädliches trifft dich.[31]

Diese Unterscheidung zwischen dem, was wir ändern können, und dem, was außerhalb von uns liegt, ist zentral für die weitere Entwicklung der stoischen Philosophie. Da letztlich nur unser Innenleben in unserer Macht steht, ist es für die Stoiker nun von entscheidender Bedeutung, unser seelisches Gleichgewicht zu finden und zu pflegen. Das bedeutet, dass wir gegenüber allem anderen eine gewisse Gleichgültigkeit und Gelassenheit entwickeln. Wir müssen uns darüber klar werden, dass eben darum, weil es Dinge außerhalb unserer Entscheidungsmöglichkeit gibt, wir diese weder zu bedauern, noch zu begrüßen haben. Sie haben nichts mit uns zu tun. Bei allem, was uns begegnet, müssen wir, so Epiktet, immer zuerst die zentrale Frage stellen:

[...] gehört es zu dem, was in meiner Gewalt steht, oder nicht?[32]

Für den zweiten Fall gibt uns Epiktet einen radikalen Rat:

[...] gehört es zu dem, was nicht in deiner Gewalt steht, so sage zu dir selber: Das geht mich nichts an.[33]

Für denjenigen, der sich das vergegenwärtigt, so der stoische Kerngedanke, ist persönliches Glück dauerhaft möglich. Wer dagegen vergisst, dass beispielsweise Besitz, sozialer Status, Karriere, Gesundheit, Schönheit, Jugend, Heimat und Liebesbeziehungen unstet und vergänglich sind, wird zwangsläufig schmerzliche Verluste erleiden. Er schadet seiner Seele und verliert die innere Freiheit. So wie es keinen Sinn macht, äußerliche Wohltaten zu begehren, sollten wir uns umgekehrt auch nicht vor äußeren Übeln fürchten. Zwar können wir nicht verhindern, dass sie uns treffen, aber wir können verhindern, dass sie unser Gleichgewicht stören. Denn es sind wir, die den Übeln ihr Gewicht und ihre Bedeutung geben. Auch hier müssen wir an unserer Einstellung arbeiten. Viele Menschen meinen, Übel verdrängen, vermeiden oder sich ihnen entziehen zu können. Wer so denkt, ist aber für Epiktet ein „Narr", der nicht wahrhaben will, dass er niemals Herr über die Außendinge sein kann:

> Wenn du wünschst, deine Kinder, deine Frau, deine Freunde möchten ewig leben, bist du ein Narr. Denn du wünschst Macht über etwas, was nicht in deiner Macht steht [...].[34]

Der Stoiker versucht erst gar nicht, Naturgesetzen wie dem Verlust von Angehörigen, dem Altern und dem Tod etc. zu entkommen, sondern lässt sie stoisch auf sich zukommen. Er fügt sich mit „Ataraxie" in das Unvermeidliche und akzeptiert sein Geschick. Ataraxie heißt wörtlich „Unerschütterlichkeit" der Seele:

Wer dem Geschick sich wohl zu fügen weiß, der kennt, (wie) ein weiser Mann, das göttliche Gebot.[35]

Die stoische Philosophie ist pantheistisch. Das heißt, die Pflanzen, die Tiere, der Kosmos und das ganze Universum sind letztlich der direkte Ausdruck des sinnvollen Waltens der Götter und der göttlichen Vernunft. Ein weiser Mensch, der das grundsätzlich begriffen hat, verlangt nicht mehr, dass alles so geschieht, wie er es will, sondern wünscht sich, dass es so geschieht, wie es geschieht. Stoiker empfehlen deshalb, sich „dem guten Fluss des Lebens" einzufügen.

Hierzu bedarf es eben jener Ataraxie, der „Unerschütterlichkeit der Seele", die man erst durch jahrelange Selbsterziehung, Askese und Apathie gewinnen kann. Das griechische Wort „Askese" heißt wörtlich übersetzt zunächst einmal nur „Übung". Da die Übungen der Stoiker aber darauf abzielten, jeden ausschweifenden Gebrauch der Begierden zu vermeiden, bekam das Wort bereits in der Antike die heutige Konnotation von Verzicht und Zurückhaltung. Die Stoiker versuchten durch Selbsterziehung ihre Affekte, also ihre Gefühlsregungen besser zu beherrschen und damit innerlich frei zu bleiben von Reizen und Beeinträchtigungen durch die Außenwelt. Epiktet legt uns sogar nahe, jeden Tag ein paar Stunden der Besinnung einzulegen, uns der Triebe und Begierden bewusst zu werden, diesen aber nur eine angemessen geringe Bedeutung einzuräumen. Nur so erreichen wir das Glück wahrer Freiheit:

[...] wahrhaft frei. Dazu führt nur ein Weg: Verachtung alles dessen, was nicht in unserer Macht steht.[36]

Im Endeffekt empfehlen uns die Stoiker für ein glückliches Leben eine zweifache Gelassenheit: Zum einen
die Gelassenheit gegenüber äußeren Abläufen, die
wir nicht beeinflussen können, zum anderen Gelassenheit gegenüber den eigenen inneren Bedürfnissen und Leidenschaften. Denn letztlich sind es unsere Sehnsüchte und Wünsche, die uns in das Auf und
Ab des Lebens einbinden. Dieser Berg- und Talfahrt
zwischen großer Lust und leidvollen Entbehrungen
sollten wir die Spitzen nehmen, indem wir uns in
Apathie üben. Apathie enthält zum einen das griechische Wort „Pathos", was „Leidenschaft" bedeutet
und zum anderen die verneinend ausschließende
Vorsilbe „A". Apathie heißt somit „Leidenschaftslo-
sigkeit". Das bedeutet im stoischen Sinne zwar nicht,
jede Empfindung im Keim zu ersticken, wohl aber einen sehr gemäßigten Umgang mit ihr. Ein gewisser
Gleichmut hilft uns, den Leidenschaften nicht mehr
zu verfallen. Die stoische Gelassenheit besteht also
darin, unabhängig von der Außenwelt, die innere
Ruhe zu bewahren.

Das gilt auch und gerade für das Altern und den Tod.
Im alten Rom gab es für das deutsche Verb „sterben"
neben „morire" noch die zweite Bezeichnung „ad
plures ire". Der Stoiker Seneca empfiehlt uns anstelle
von „morire" bzw. sterben besser von „ad plures ire"

zu sprechen. Das heißt wörtlich übersetzt „zu den meisten gehen" oder etwas freier übersetzt „dahin gehen, wo die meisten sind". Die Römer waren nämlich in Bezug auf den Tod, wie in vielen anderen Dingen, sehr pragmatisch. Sie wussten, dass die Geister ihrer Großeltern, Urgroßeltern und der vielen vorausgegangen Generationen bereits dorthin gegangen sind, wo am Ende des Lebens alle hingehen. Und wenn man bedenkt, dass unendlich viele unserer Vorfahren bereits dort sind und wir Lebenden demzufolge nur eine verschwindend kleine Minderheit darstellen, dann nimmt dies dem Tod seine Exklusivität und seinen Schrecken. „Dahin gehen, wo die meisten sind" hat, so Seneca, etwas Tröstliches. Es gibt uns eine gewisse Leichtigkeit, da es uns verdeutlicht, dass das Sterben keine persönliche Angelegenheit ist, sondern ein Teil vom ständigen Werden und Vergehen des Lebens.

Wenn wir uns diese Wahrheit vor Augen halten, verlieren viele Probleme unseres Alltags erstaunlich schnell an Bedeutung. Man macht sich nicht länger wegen Kleinigkeiten verrückt. Die stoische Lebenshaltung der Ataraxie, also der Seelenruhe durch Askese und Apathie, kann uns dabei helfen, der Unruhe des modernen Lebens entgegenzuwirken. So laufen wir oft vermeintlich wichtigen Zielen hinterher und

begeben uns unter dem Joch der Selbstoptimierung
von einer Unfreiheit in die nächste. Die Stoiker empfehlen uns dagegen, das zu genießen, was wir haben
und hinzunehmen, was ohnehin geschieht. Das einfache Vermächtnis der Stoiker lautet:

> Verlange nicht, daß alles so geschieht,
> wie du es willst, sondern wolle, dass
> es geschieht wie es geschieht und du
> wirst in Frieden leben.[37]

Weg 5

Raus aus der Sklaverei der Wünsche und Sorgen. Nehme gelassen hin, was du nicht ändern kannst und genieße das, was du schon hast. Begib dich mit innerer Ruhe in den Fluss des Lebens.

6.

Widersprechen und aufbegehren –
Onkel Willy, Hegel, Adorno und das Glück der Nicht-Identität

Onkel Willy, ein Großonkel aus meiner französischen Verwandtschaft, hat immer widersprochen und aufbegehrt. Das war keine besondere Leistung oder Ruhmestat. Ich glaube im Nachhinein, er konnte gar nicht anders. Es lag irgendwie in seinem Wesen, in seiner ganzen Natur, dass er war, wie er war und gerne aufbegehrt hat. In jedem Fall hat es ihn glücklich gemacht. Sein Weg war also nicht die stoische Gelassenheit, sondern umgekehrt der unbändige Wille, durchzusetzen, was ihm richtig erschien und zu verändern, was ihm nicht passte. Das tat er notfalls auch gegen alle Widerstände. Noch im Altersheim mit fast 80 Jahren gelang ihm – zur großen Beunruhigung der Familienangehörigen – eine spektakuläre Aktion des Widerstands.

Onkel Willy, früher Unternehmer und weitgereister Geschäftsmann, verfügte auch im hohen Alter noch über eine gewisse Aura von Autorität, Weltgewandtheit und Durchsetzungsvermögen, gepaart mit Eloquenz. Schon kurze Zeit nach seiner Ankunft in der Seniorenresidenz erfuhr er wohlwollende Aufmerksamkeit, so dass sich im Speisesaal einige Senioren an seinen Tisch setzten. Es wurde in seinem Beisein viel erzählt und gelacht, so dass sich bald noch mehr Heimbewohner hinzugesellen wollten. Da alle Plätze an Willys Tisch besetzt waren, schlug er vor, doch einfach die Tische zusammenzurücken. Willy saß am Kopfende, moderierte oder monologisierte. Die Pfleger waren über die Umgruppierung der beiden Tische und die lebendigen Gespräche überrascht, ließen die Senioren aber gewähren. Doch diese schoben nach und nach immer mehr Tische zusammen, bis am Ende der gesamte Speisesaal von einer einzigen, langen Tafel diagonal durchzogen wurde. Alle wollten an Willys Tisch sitzen.

Das ging den Pflegekräften nun doch zu weit. Nach dem Frühstück rückten sie die Tische wieder an ihren ursprünglichen Platz. Die zum Mittagessen eintreffenden Senioren reagierten verärgert. Schimpfend blieben sie stehen und warteten, bis Onkel Willy kam. Dieser betrat den Speisesaal, sah sich kurz um, ließ sich berichten, was geschehen war und stieg ruhig, aber entschlossen auf einen Stuhl. Dann wartete er, bis im Saal Ruhe einkehrte und sich alle Blicke auf ihn richteten: „Es ist gut, dass ihr euch nicht hingesetzt habt. Ich bin stolz auf euch!", begann er seine Rede und forderte unter lautem Beifall alle Anwesenden zum Widerstand auf. Schließlich, so Onkel Willy, seien sie schon als Kinder viel zu lange bevormundet worden und es sei absolut untragbar, dass sie jetzt als Erwachsene in höherem Alter, erneut entmündigt werden sollen. „Und warum?", rief er in den Saal, um sich selbst, nach einer kleinen Kunstpause, die Antwort zu geben: „Weil wir älter und schwächer geworden sind. Jetzt glauben sie, dass sie unseren Willen leicht brechen können. Aber sie täuschen sich. Wir leben noch!"

Die Ansprache blieb nicht ohne Wirkung. Diesmal gab es nicht nur tosenden Beifall. Die Senioren begannen an den Tischen und Stühlen zu schieben und zu zerren, bis die lange Tafel wieder formiert war. An seinen Platz, am Kopf der Tafel zurückgekehrt, beglückwünschte Onkel Willy nochmals alle Anwesenden zu ihrer couragierten Tat. Im Leben, so versicherte er, sei die Courage eine der wichtigsten Tugenden, nicht zuletzt deshalb, weil man sich hier im Land der Französischen Revolution befände. Die persönliche Freiheit und das Recht brüderlich als Gleiche unter Gleichen an einem Tisch zu sitzen, sei unantastbar. Das werde man der Heimleitung schon noch beibringen.

Bei dieser Gelegenheit machte Onkel Willy auch gleich mal seinem Unmut über den Kaffeeautomaten Luft. Es käme des Öfteren kein Kaffee, obwohl das Geld passend eingeworfen sei. Angesichts des unerhörten Vorhabens, die Sitzordnung diktieren zu wollen, müsse man auch beim defekten Automaten ein gewisses Versagen der Heimleitung vermuten, wenn nicht sogar einen gezielten Akt der Ausbeutung.

Der Boden war bereitet. Am Folgetag kam es zur Eskalation. Die Pflegerinnen und Pfleger wurden diesmal von der Heimleiterin instruiert, die Tische nicht nur im Vorfeld zu trennen, sondern darüber hinaus die vorgegebene Sitzordnung durchzusetzen. Die Folge war eine, wohl auch für die Heimleiterin selbst, überraschende Eskalation.

Es kam zu wütenden Beschimpfungen und einem hartnäckigen Möbelgezerre zwischen Pflegepersonal und Bewohnern, da die Pflegerinnen und Pfleger die Tische tatkräftig festzuhalten versuchten. Unter den Bewohnern gab es einen Kriegsveteranen aus der Fremdenlegion. Er schraubte ein Stuhlbein ab, drohte dem kräftigsten Pfleger und zwang ihn, den Tisch loszulassen. Ein anderer Pfleger kam zu Hilfe und packte den Veteranen von hinten. „Freiheitsberaubung", rief Onkel Willy, „das lassen wir uns nicht gefallen!".

Jetzt gab es kein Halten mehr. Onkel Willy setzte sich an die Spitze der erbosten und wütenden Alten und stürmte mit ihnen die Treppe hinauf in den ersten Stock zum Büro der Heimleitung, um diese „zur Rede zu stellen". Die Heimleiterin hatte den Tumult bereits gehört, verriegelte ihre Türe von innen, schob in einem Kraftakt ihren Aktenschrank davor und rief die Polizei. Das Ende der Geschichte: Die Polizei löste die Versammlung auf, Onkel Willy bekam Hausverbot und musste das Heim verlassen.

Als seine 14 Jahre jüngere Schwester die zurückgebliebenen Sachen von Onkel Willy aus dem Zimmer holte, kamen die Bewohner auf sie zu, schüttelten ihr bedeutungsvoll die Hand und erkundigten sich nach ihm. Sie müsse Onkel Willy unbedingt ausrichten, dass die Senioren gesiegt hätten. Ein Zeitungs-Journalist hatte nämlich von dem Polizeieinsatz erfahren, die Beteiligten interviewt und von der „Revolution in der Seniorenresidenz" berichtet. Danach wurde auch im regionalen Fernsehen darüber berichtet und öffentlich über die Rechte der Bewohner diskutiert. Kurzum, die Heimleiterin musste auf Druck der Öffentlichkeit nachgeben und den Senioren ein weitgehendes Mitspracherecht einräumen – nicht nur bei der Sitzordnung. Ein entsprechendes „Komitee" sei jetzt eingerichtet worden. Sie nannten es, sehr zum Unmut der Heimleitung, das „Komitee Willy". Das Einzige, was ihnen fehle, sei Onkel Willy selbst. Und sie versicherten, dass sie mit ihm in der Residenz ihre glücklichste Zeit erlebt hatten. Natürlich führt nicht jeder Widerspruch wie in diesem Fall zu einem positiven Ausgang, aber tatsächlich sprengt das Aufbegehren oftmals die eingefahrenen Routinen und schafft Raum für Neues. Der Geschichtsphilosoph Hegel sieht im Widerspruch sogar das zentrale Element für den Fortschritt in der Menschheitsgeschichte:

[...] der Widerspruch [...] ist die Wurzel aller Bewegung und Lebendigkeit; [38]

Hegel verweist, ähnlich wie später Onkel Willy, auf die Französische Revolution. So lebten die Franzosen Jahrhunderte lang im Feudalismus und ein blaublütiger König von Gottes Gnaden hatte die alleinige Regierungsgewalt. Doch dann, so Hegel, kamen die Aufklärer Rousseau, Montesquieu, Diderot und widersprachen: „Wer soll das Volk regieren, wenn nicht das Volk?" Und dieser Widerspruch führte zu einer revolutionären Neuordnung der Verhältnisse, denn so Hegel:

Der ganze Zustand Frankreichs in der damaligen Zeit war ein wüstes Aggregat von Privilegien gegen alle Gedanken und Vernunft überhaupt, [...] ein Reich des Unrechts [...]. Der neue Geist wurde tätig; [...]. Die Veränderung war notwendig gewaltsam,

weil die Umgestaltung nicht von der Regierung vorgenommen wurde [...]. Der Gedanke, der Begriff des Rechts machte sich mit einem Male geltend

und dagegen konnte das Gerüst des Unrechts keinen Widerstand leisten. [...] Es war dieses somit ein herrlicher Sonnenaufgang.[39]

Widersprüche innerhalb der Gesellschaft und des Denkens halten das Bewusstsein in ständiger Bewegung und treiben es über sich selbst hinaus auf höhere Ebenen:

[...] nur insofern etwas in sich selbst einen Widerspruch hat, bewegt es sich, hat Trieb und Tätigkeit.[40]

Auch Adorno, ein Schüler von Hegel, empfiehlt uns den Widerspruch als einzig sinnvolle Denkweise und sogar als Lebenshaltung. In seinem Hauptwerk, der „Negativen Dialektik" rät er uns, den bestehenden Zustand massiv zu kritisieren, den aktuellen Verhältnissen zu widersprechen, oder wie er sagt, „in Negation zu gehen". Auch für Adorno ist das Glück des Individuums völlig unmöglich, wenn die gesellschaftlichen Verhältnisse um es herum untragbar sind. Er formuliert das in seinem vielzitierten, berühmten Satz:

Es gibt kein richtiges Leben im falschen.[41]

Deshalb müssen wir uns gegen das falsche Leben auflehnen. Aber auch wenn es uns gelingen sollte, die Verhältnisse, denen wir widersprochen haben, am Ende zu verbessern, dürfen wir uns nicht zurücklehnen und aus der Negation in die Position übergehen. Denn jetzt muss das neu Erreichte auch wieder negiert, kritisiert und verbessert werden. Philosophie bedeutet für Adorno:

[...] Negation der Negation, welche nicht in Position übergeht.[42]

Die Philosophen Hegel und Adorno empfehlen uns die Nicht-Identität, also die Nicht-Übereinstimmung des Geistes mit der Wirklichkeit. Denn eine gewisse Unzufriedenheit mit dem Ist-Zustand ist der Motor jeder Veränderung. Letztlich ist es gerade die Nicht-Übereinstimmung, die uns bewegt, nach Alternativen, nach Neuem und Besserem zu suchen. Glücklich können wir nur werden, indem wir die Komfortzone des gerade Erreichten immer wieder verlassen und gegen die jeweils mangelhaften Zustände aufbegehren. So hat beispielsweise die Arbeiterbewegung seit den 1830er Jahren durch Gewerkschaften und Streiks über Jahrhunderte hinweg in immer neuen Widersprüchen und Arbeitskämpfen den 14-Stunden-Tag, die Kinder- und Samstagsarbeit abgeschafft und kämpft weiterhin für die Verbesserung der jeweils aktuellen Bedingungen. Wir dürfen uns niemals mit der Realität, also dem erreichten Ist-Zustand abfinden:

Es liegt in der Bestimmung negativer Dialektik, dass sie sich nicht bei sich beruhigt [...].[43]

Die Nicht-Identität, also der Widerspruch, ist so gesehen ein kraftvoller Motor unseres Daseins und vielleicht auch ein Weg zum Glück. Das gilt für unser persönliches Leben, aber auch für die Gesellschaft als Ganzes. Wir dürfen nicht aufhören, aus der Welt einen besseren Ort zu machen.

Weg 6

Lebe den Widerspruch! Kämpfe gegen das, was nicht so ist, wie es sein soll. Das Glück ganzer Gesellschaften hängt ab vom Widerspruchsgeist ihrer Bürger.

7.

„Augenblick verweile doch, du bist so schön" –

mit Goethe und Epikur das Glück des Augenblicks genießen

„Genieße den Augenblick!" ist die vielleicht älteste Glücksformel der Welt. Bereits in der Antike gab es die bis heute bekannte Empfehlung: „Carpe Diem!". Sie stammt aus dem Jahre 23 vor Christus. Das lateinische Wort „carpe" bedeutet „pflücke" und „diem" den „Tag". Wörtlich übersetzt heißt es also „Pflücke den Tag!". Diese Empfehlung kommt ursprünglich von dem römischen Dichter Horaz und soll uns daran erinnern, dass unser Leben doch relativ kurz ist, weshalb wir jeden Tag wie eine reife Frucht pflücken und genießen sollten. Denn viel zu oft, so wussten schon die alten Römer, überschatten Arbeit, Sorgen und Zukunftspläne den Tag und überdecken das einfache Glück im Hier und Jetzt.

Auch der deutsche Dichter Goethe hat dem Genuss des Augenblicks eine besondere Bedeutung beigemessen. In seinem berühmten Theaterstück „Faust" ist die gleichnamige Hauptfigur trotz ihres vielen Wissens gelangweilt, frustriert und enttäuscht. Als Wissenschaftler hat Faust zwar viele Fächer studiert, doch konnte er trotz seiner umfassenden Bildung nicht erkennen, „was die Welt im Innersten zusammenhält" und was ihn persönlich glücklich machen könnte. Zudem hat er in seinem Streben nach Weisheit völlig verlernt, das einfache Leben zu genießen. Da begegnet ihm der Teufel und schlägt ihm einen Handel vor. Mit seiner teuflischen Macht könne er ihm die aufregendsten Facetten des Lebens zeigen und ihn damit so begeistern, dass er - zumindest für einen Augenblick – glücklich werde. In diesem Moment aber, so verlangt der Teufel als Gegenleistung, bekomme er seine Seele. Faust willigt ein, denn er ist sich absolut sicher, dass nicht einmal der Teufel ihn noch glücklich machen könne. Und so verspricht er: „Werd ich zum Augenblicke sagen: Verweile doch! Du bist so schön! Dann magst du mich in Fesseln schlagen, dann will ich gern zugrunde gehn!"

Für einen einzigen absolut glücklichen Moment ist Faust also bereit, seine Seele dem Teufel zu verkaufen.

Das Glück des Augenblicks spielt in Goethes Theaterstück ‚Faust' eine herausragende Rolle - und nicht nur im Theaterstück. Der Dichter selbst war bei allem Schaffensdrang immer auch ein großer Genießer. Er suchte zeitlebens Erfüllung in magischen Momenten. So ließ er sich nicht nur von seinen ausgedehnten Italien-, Böhmen- und Orientreisen inspirieren, sondern auch von zahlreichen Verliebtheiten und Liebesaffären. Der Genussmensch Goethe empfiehlt sogar, dass es besser wäre, anstelle der „Kritik der reinen Vernunft" von Immanuel Kant ein zweites Werk mit dem Titel „Kritik der Sinne" zu verfassen. Ein solches Buch müsse unbedingt geschrieben werden, um der Bedeutung der Sinnlichkeit im menschlichen Leben gerecht zu werden. Goethe selbst lebte viele Jahre in wilder Ehe mit einer siebzehn Jahre jüngeren Frau. Und noch als Greis verliebte er sich in eine siebzehnjährige Teenagerin und machte ihr einen, allerdings vergeblichen, Heiratsantrag.

Goethes Poesie, darin sind sich die Literaturwissenschaftler einig, ist eng verbunden mit seiner Fähigkeit, Augenblicke zu genießen und literarisch festzuhalten. Bereits als angehender Student hat er eine leidenschaftliche Liebesaffäre mit einer Pfarrerstochter. Es war, so schwärmt Goethe, Liebe auf den ersten Blick: „In diesem Augenblick trat sie wirklich in die Türe; [...] Schlank und leicht, als wenn sie nichts an sich zu tragen hätte, schritt sie, und beinahe schien für die gewaltigen blonden Zöpfe des niedlichen Köpfchens der Hals zu zart. Aus heiteren blauen Augen blickte sie sehr deutlich umher, und das artige Stumpfnäschen forschte so frei in die Luft, als wenn es in der Welt keine Sorge geben könnte; der Strohhut hing am Arm, und so hatte ich das Vergnügen, sie beim ersten Blick auf einmal in ihrer ganzen Anmut und Lieblichkeit zu sehn und zu erkennen."

Von der Schönheit der Pfarrerstochter und seiner Verliebtheit inspiriert, verfasst Goethe ein Gedicht, das ihn erstmals über sein direktes Umfeld hinaus bekannt machen sollte: das berühmte „Maienlied". Es ist ein einziges Fest des Augenblicks, wie dieser kurze Auszug zeigt:

Wie herrlich leuchtet
Mir die Natur!
Wie glänzt die Sonne!
Wie lacht die Flur!

Es dringen Blüten
Aus jedem Zweig
Und tausend Stimmen
Aus dem Gesträuch

Und Freud' und Wonne
Aus jeder Brust.
O Erd', o Sonne!
O Glück, o Lust!

O Lieb', o Liebe!
So golden schön,
Wie Morgenwolken
Auf jenen Höhn!

Du segnest herrlich
Das frische Feld,
Im Blütendampfe
Die volle Welt.

O Mädchen, Mädchen,
Wie lieb' ich dich!
Wie blickt dein Auge!
Wie liebst du mich!

Was uns Goethe hier schwärmerisch literarisch na-
hebringt, hat der Philosoph Epikur bereits in der
Antike auf den Punkt gebracht – die Freude am Augenblick und an der sinnlichen Lust. Epikur gilt als
Begründer des Lustprinzips oder des Hedonismus.
Er machte schon in der Antike eine ebenso einfache
wie bahnbrechende Entdeckung. Die Natur gibt uns
bei unserer Geburt eine Art inneren Kompass an
die Hand, mit dem wir ein glückliches Leben führen
könnten – einen intuitiven Wegweiser, der uns bei
großen und kleinen Entscheidungen hilft. Um glücklich zu werden, müssen wir einfach das tun, was uns
Lust und Freude bereitet und umgekehrt alles das
vermeiden, was uns Unlust und Schmerz verursacht:

[...] die Lust ist [...] Ursprung und Ziel
des glückseligen Lebens. Denn sie
haben wir als erstes und angeborenes
Gut erkannt, und von ihr aus beginnen
wir mit jedem Wählen und Meiden, [...]
indem wir [...] ein jedes Gut beurteilen.[44]

Das Kleinkind lebt noch ganz nach dem Lustprinzip. Es schreit, wenn es Schmerzen oder Hunger hat und lächelt glücklich, wenn seine Lust befriedigt wird. Auch wir Erwachsenen, so Epikur, sollten nicht vergessen, unserer Lust zu folgen.

Doch diese – auf den ersten Blick so selbstverständlich klingende – Entdeckung wurde bereits von seinen Zeitgenossen im antiken Athen als Provokation empfunden. Die von Epikur empfohlene Lusterfüllung als oberstes Ziel des Lebens stand nämlich in krassem Gegensatz zu den damaligen Lehren von Platon, Aristoteles und den Stoikern. Diese priesen die Vernunft und ein vernunftgemäßes Leben als oberstes Ziel. Epikur wagte es als Erster, zu behaupten, dass das höchste Gut der Menschen nicht ihre Vernunft, sondern ihr Leib, ihre Sinnlichkeit und ihre Lust sei. Nicht die Moral und das Denken, sondern Triebe und Bedürfnisse wie Essen, Trinken und Sexualität weisen uns Menschen den richtigen Weg. Glücklich, so Epikur, werden wir nur, wenn wir uns nicht länger als tugendhafte Geistwesen stilisieren, sondern uns zu unserer Lust und unseren Bedürfnissen bekennen. Die Lust sei ein so hohes Gut, dass es sich ohne sie gar nicht mehr lohnen würde, weiterzuleben:

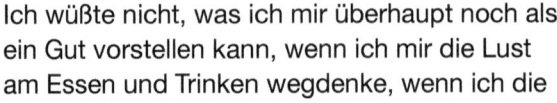

Ich wüßte nicht, was ich mir überhaupt noch als ein Gut vorstellen kann, wenn ich mir die Lust am Essen und Trinken wegdenke, wenn ich die

Liebesgenüsse verabschiede und wenn ich nicht mehr meine Freude haben soll an dem Anhören von Musik und dem Anschauen schöner Kunstgestaltungen.[45]

Auch die Moral und die Sittlichkeit ordnet Epikur dem Lustprinzip unter. Platon, Aristoteles und die Stoiker seien pedantische ‚Vernunftanbeter‘:

Ich aber rufe zu fortdauernden Lustempfindungen auf und nicht zu sinnlosen und nichtssagenden Tugenden [...].[46]

Anders als Platon, Aristoteles oder die Stoiker nahm Epikur auch Frauen in seine Schule auf. Mit einer von ihnen, der gebildeten Hetäre Leontion, genannt das ‚Löwchen‘, hatte er sogar ein Liebesverhältnis. Die Provokation, die damals von Epikurs Empfehlung des Lustprinzips ausging, zeigte sich auch im Namen seiner Philosophenschule. Er nannte sie schlicht und einfach „Kepos“, übersetzt, der „Garten“. Im Unterschied zu Platons ‚Akademie‘, Aristoteles‘ ‚Lykeion‘ (Gymnasium) und Zenons ‚Stoa‘ (Säulenhalle), unterrichtete Epikur seine Schülerinnen und Schüler nicht in einem Steingebäude, sondern im Schatten der Bäume seines Gartens. Die Studierenden sollten sich frei und natürlich entfalten. Ihr Geist sollte ebenso sprießen und wachsen wie die Pflanzen, Blumen und Bäume um sie herum. Das Motto: „Carpe Diem!“, „Pflücke den Tag!“ oder „Genieße den Augenblick!“ wurde in Epikurs Garten gelebt.

Allerdings hat auch Epikur erkannt, dass eine ständige Aneinanderreihung von lustvollen Erlebnissen und Augenblicken unmöglich ist. Er wusste bereits, was auch die moderne Glücksforschung bestätigt, dass Menschen nur solche Augenblicke als lustvoll und glückbringend erleben, die aus dem normalen Alltag herausragen. Wenn wir beispielsweise jeden Tag unser Lieblingsessen bekommen, hat es bald seinen Reiz verloren. Generell hat unsere menschliche Psyche die Tendenz, glückbringende und schöne Erfahrungen bei mehrfacher Wiederholung schnell wieder als Normalität einzuordnen, weshalb sich unsere gehobene Stimmung dann automatisch wieder auf das normale Level einpendelt. Epikur empfiehlt uns deshalb, jede Aneinanderreihung von Genüssen oder gar Völlerei prinzipiell zu vermeiden:

Wenn wir also sagen, die Lust sei das Ziel, meinen wir damit nicht die Lüste der Hemmungslosen, [...] wie einige [...] annehmen [...].[47]

Im Gegenteil, den höchsten Genuss und die schönsten Augenblicke verschafft nicht der Überfluss an köstlichem Essen und die damit einhergehende Übersättigung, sondern, so Epikur, die Befriedigung eines lang gehegten Bedürfnisses:

Wir halten auch die Selbstgenügsamkeit für ein großes Gut, nicht um uns in jedem Falle mit Wenigem zu begnügen, sondern [...] in der echten Überzeugung, daß [...] bescheidene Suppen ebensoviel Lust erzeugen wie ein üppiges Mahl [...] und daß Wasser und Brot die höchste Lust zu verschaffen vermögen, wenn einer sie aus Bedürfnis zu sich nimmt.[48]

Selbstgenügsamkeit und Beschränkung der Lust sind also durchaus sinnvoll, wenn sie dem gesunden Leben dienen. Denn, so könnte man mit Epikur sagen: Erfolgreich genießen, heißt klug genießen! Die vielleicht größte Lust und die schönsten Augenblicke erleben viele Menschen aber im Zustand des Verliebtseins und des Geliebt-werdens. Die Magie des Augenblicks, an dem wir spüren, dass wir lieben und selbst gewollt und begehrt sind, kann uns in Euphorie versetzen und alles andere in den Hintergrund treten lassen. Goethe beschreibt dieses Hochgefühl poetisch:

Und Freud' und Wonne
Aus jeder Brust.
O Erd', o Sonne!
O Glück, o Lust!

Die Magie des Augenblicks der Liebe und der Lust kann dermaßen intensiv und überwältigend sein, dass man glaubt, vor Glück sterben zu müssen. Doch die gute Nachricht lautet: Niemand ist bislang vor Glück gestorben und das wird wohl auch weiterhin so bleiben. Die schlechte Nachricht besteht darin, dass die Verliebten, so sehr sie sich auch bemühen, den Augenblick ihres größten Glücks dauerhaft festzuhalten, dies nicht schaffen. Nach einer bestimmten Zeit ist das Eheleben oder die Partnerschaft oftmals mehr durch Routinen als durch uneingeschränkte Verliebtheit geprägt. Generell kann jede Form der Verliebtheit zurückgehen oder sogar enden. Auch Epikur erkannte dieses Problem und riet seinen Schülerinnen und Schülern, nicht nur Sinnlichkeit oder Erotik, sondern vor allem die Freundschaft als höchstes Gut der Lust zu entdecken und zu pflegen. Liebesbeziehungen, Partnerschaften, Erotik können kommen und gehen, aber gute Freunde sind bisweilen lebenslang füreinander da und ein nicht versiegender Quell der Freude:

Von dem, was die Weisheit für die Glückseligkeit des gesamten Lebens bereitstellt, ist das weitaus Größte der Erwerb der Freundschaft. [...] Die

Freundschaft tanzt um die Welt und fordert uns alle auf, aufzuwachen zum Preis der Glückseligkeit.[49]

So wie die Freundschaft ist für Epikur auch die Philosophie ein sich nicht verbrauchendes Glück. Sie schenkt uns immer wieder kostbare Augenblicke der Erfüllung. Vor allem hat die Philosophie den großen Vorteil der Unmittelbarkeit. Im Unterschied etwa zum Genuss des Essens, muss man beim Genuss der Philosophie nicht vorher einkaufen gehen, kochen, Teller und Becher aufdecken, um dann irgendwann später, wenn man fertig ist, am Tisch zu sitzen und zu genießen:

> Bei der Philosophie [...] ist die Erkenntnis unmittelbar von Freude begleitet. Denn der Genuß erfolgt nicht erst nach dem Lernen, sondern Lernen und Genuß sind gleichzeitig.[50]

Den Augenblick lustvoll zu genießen, sei es beim Essen, Trinken, in der Verliebtheit, der Sexualität, der Freundschaft oder beim Philosophieren ist zweifellos ein wichtiger Meilenstein auf dem Weg zum Glück:

Weg 7

Carpe Diem, pflücke den Tag und genieße ihn! Selbst wenn Lust der Mäßigung bedarf, gehören zum glücklichen Leben immer auch unsere Bedürfnisse und ihre Erfüllung.

8.

„Eine Schwalbe macht noch keinen Frühling"–

Aristoteles, Marx und das Glück in der Polis

Haben uns Epikur und Goethe das Glück des Augenblicks nahegebracht, empfehlen uns Aristoteles und Marx einen ganz anderen Weg. Ihnen geht es um ein langanhaltendes und zeitloses Glück, das weit über den Augenblick hinausreicht und nur in der gelingenden Gemeinschaft mit anderen zu erreichen ist.

Im deutschen Sprachgebrauch ist das Wort Glück ja etwas unscharf definiert. Zum einen bezeichnen wir mit Glück das Zufalls- oder Wohlfühlglück, also ein Gefühl lustvoll gehobener Stimmung, wie es uns Epikur und Goethe beschreiben. Wenn etwa jemand seine Traumfrau trifft, im Lotto gewinnt oder bei einem schweren Unfall völlig unverletzt bleibt, sagt man „er hat Glück gehabt". Zweitens bezeichnen wir mit Glück aber auch das dauerhafte Glück, das über ein spontanes Wohlbefinden hinausgeht und unser ganzes Leben beseelt, also das sogenannte „Lebensglück". Während in der deutschen Sprache beides mit ein und demselben Begriff bezeichnet wird, haben die Griechen dafür seit der Antike zwei verschiedene Wörter. „Hedonia" meint das sinnliche Glück des Augenblicks, „Eudaimonia" dagegen das langanhaltende seelische Glück.

Letzteres sehen Aristoteles und Marx als das eigentlich erstrebenswerte Ziel an. Die beiden Philosophen sind zwar von ihrem Ausgangspunkt her zwei grundverschiedene Denker, nämlich ein Metaphysiker und ein Materialist, dennoch haben sie eine gemeinsame Vorstellung vom dauerhaften Glück. Beiden geht es um die glückbringende Entfaltung unserer Begabungen und Tugenden in und für die Gemeinschaft. Marx formuliert dies in dem ebenso kurzen wie prägnanten Satz:

Der Mensch ist ein Gattungswesen […]. [51]

Damit meint Marx, dass sich der Mensch generell nur innerhalb der menschlichen Gattung bewegen und vervollkommnen kann. Ganz ähnlich definiert Aristoteles das Wesen des Menschen. Auch für ihn ist der Mensch kein Einzelgänger, der für sich alleine sein Glück sucht, sondern ein sogenanntes „Zoon Politikon", ein staatliches Wesen:

Hieraus erhellt also, dass […] der Mensch von Natur ein staatliches Wesen ist […]. [52]

Er kann sich nur in der „Polis", also im Staat und somit in der Gemeinschaft anderer entfalten. Darin gleicht er ein Stück weit den Schwarm- und Herdentieren:

Daß [...] der Mensch mehr noch als jede Biene und jedes schwarm- oder herdenlebende Tier ein Vereinswesen ist, liegt amtage.[53]

Aufgrund seiner Natur als Zoon Politikon ist der Mensch automatisch Teil des Staates. Da die Geselligkeit in seiner Natur angelegt ist, gibt es für den Menschen kein wirkliches Leben außerhalb des Staates oder der Gemeinschaft:

Wer aber nicht in Gemeinschaft leben kann, oder ihrer, weil er sich selbst genug ist, gar nicht bedarf, ist kein Glied des Staates, aber eben damit entweder ein Tier oder ein Gott.[54]

Da der Mensch de facto im Alltag weder Tier noch Gott ist, braucht er den Staat, um ein glückliches Leben zu führen. In seiner berühmten und vielzitierten Nikomachischen Ethik sagt Aristoteles, dass das rein sinnliche Glück der Bedürfnisbefriedigung als Lebensziel nicht ausreicht. Denn Essen, Trinken und Sexualität praktizieren auch die Tiere. Die Entfaltung des Menschen kann und muss darüber hinausgehen. Um wahres Glück zu erfahren, muss sich der Mensch seinem Wesen entsprechend entfalten und das heißt, er muss in erster Linie von seiner Vernunft Gebrauch machen. Das dauerhafte seelische Glück, die sogenannte Eudaimonia, findet er nur, wenn er in diesem Sinne tätig wird:

[…] das oberste dem Menschen erreichbare Gut stellt sich dar als ein Tätigsein der Seele im Sinne ihrer wesenhaften Tüchtigkeit […].[55]

Epikurs hedonistisches Glück des Augenblicks vergleicht Aristoteles mit einer vorüberfliegenden Schwalbe, die zwar einen Moment lang ein erfreulicher Frühlingbote sein mag, die aber, so schnell wie sie am Himmel auftaucht, auch wieder verschwindet:

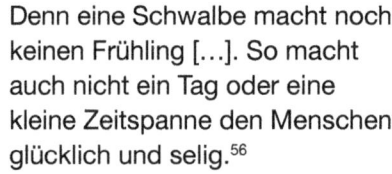

Denn eine Schwalbe macht noch keinen Frühling [...]. So macht auch nicht ein Tag oder eine kleine Zeitspanne den Menschen glücklich und selig.[56]

Das dauerhafte seelische Glück erreicht man nur durch ein tugendhaftes Leben über einen langen Zeitraum hinweg. Die wichtigsten Tugenden sind bei Aristoteles Klugheit, Gerechtigkeit, Tapferkeit, Besonnenheit und Freigebigkeit. Und diese sollten wir allesamt für die Gemeinschaft einsetzen. Glück und Tugend bilden bei Aristoteles also eine untrennbare Einheit. Wer diese, in seiner Natur angelegten, Tugenden zum Wohle der Polis-Gemeinschaft entfaltet, wird glückselig im Sinne der Eudaimonia. In derselben Weise finden wir auch bei Marx die Aufforderung, unsere besten Eigenschaften und Fähigkeiten in den Dienst der Gemeinschaft zu stellen:

> Die Hauptlenkerin aber, die uns [...] leiten muss, ist das Wohl der Menschheit, unsere eigene Vollendung. Man wähne nicht, diese beiden Interessen könnten sich feindlich bekämpfen, [...] sondern die Natur des Menschen ist so eingerichtet, dass er seine Vervollkommnung nur erreichen kann, wenn er für die Vollendung, für das Wohl seiner Mitwelt wirkt.[57]

Wer nämlich seine Talente nur für sich einsetzt, lebt, so Marx, entgegen seiner inneren Natur, verfehlt seine Bestimmung und somit den Sinn des Lebens, denn:

Wenn er nur für sich selbst schafft, kann er wohl ein berühmter Gelehrter, ein großer Weiser, ein ausgezeichneter Dichter, aber nie ein vollendeter, wahrhaft großer Mensch sein. [58]

Sowohl Aristoteles als auch Marx geht es um die Verbesserung der Gesellschaft. Allerdings empfiehlt Marx dazu im Unterschied zu Aristoteles eine weitaus radikalere und am Ende revolutionäre Umgestaltung der Gesellschaft und ihrer Eigentumsverhältnisse. Hat Aristoteles die Ständegesellschaft mit freien Bürgern und Sklaven noch akzeptiert, darf es bei Marx in einer künftig zu errichtenden sozialistischen Gesellschaft prinzipiell keine besitzlosen Sklaven auf der einen und reiche Eigentümer auf der anderen Seite mehr geben. Der Grund und Boden sowie die Rohstoffe und Fabriken müssen in das Eigentum aller übergehen. Aber selbst dann, so Marx, bleibt die Verpflichtung bestehen, die Bedingungen für die nachfolgenden Generationen zu verbessern:

Selbst eine ganze Gesellschaft, eine Nation, ja alle gleichzeitigen Gesellschaften zusammengenommen sind nicht Eigenthümer der Erde. Sie sind nur ihre

Besitzer, ihre Nutzniesser, und haben sie als boni patres familias den nachfolgenden Generationen verbessert zu hinterlassen.[59]

Das persönliche Glück, darin sind sich Marx und Aristoteles einig, ist untrennbar verbunden mit dem Glück der Gesellschaft und dem Bemühen, zu diesem beizutragen. Tatsächlich bestätigt die moderne Glücksforschung, dass der Einsatz für die Gemeinschaft, sei es durch familiäres, professionelles oder auch ehrenamtliches Engagement, über die Anerkennung der anderen und die Verbundenheit mit den Mitstreitern zu innerer Zufriedenheit führt. Der Einsatz im sozialen Bereich, im direkten Umfeld der

Familie und Freunde spielt nachweislich eine große Rolle für das Wohlbefinden. Zwei der umfangreichsten Langzeitstudien zum menschlichen Glücksempfinden bestätigen das eindrucksvoll.

In der „Grant Study" und der „Glueck Study" beobachteten Forscher mehr als 700 Menschen über viele Jahrzehnte, um die große Frage zu beantworten: Was macht Menschen wirklich glücklich?[60] Die Auswertung der Daten ergab, so Robert Waldinger, der vierte Direktor der Langzeitstudie, eine Kernerkenntnis: „Gute Beziehungen machen uns glücklicher und gesünder." Dabei geht es, so Waldinger, „nicht um die Anzahl der Freunde, oder ob man in einer verpflichteten Beziehung steckt. Es ist die Qualität der nahen Beziehungen, die zählt." Obwohl für verschiedene Menschen im Einzelfall natürlich auch verschiedene Glücksmomente zum Tragen kommen, gibt es doch hinsichtlich der hohen Bedeutung der Beziehungsstrukturen eine klare Übereinstimmung bei allen Studienteilnehmern. Entscheidend für das Glück sind tatsächlich nicht Geld, Berühmtheit oder Karriere, sondern gelingende Beziehungen.

Waldingers Resümee: „Wenn wir alle vierundachtzig Jahre der Harvard-Studie nehmen und sie zu einem einzigen Lebensprinzip zusammenfassen, wäre es dieses: Gute Beziehungen machen uns gesünder und

glücklicher". Es zeigt sich, dass Leute, die sozial verbunden sind, mit ihrer Familie, mit Freunden, mit
der Gemeinschaft oder der Gesellschaft glücklicher
und gesünder sind als Leute, die weniger oder keine solchen Beziehungen haben. Die Erfahrung von
Einsamkeit, so ein Ergebnis der Studie, stellt sich
sowohl hinsichtlich des subjektiven Empfindens
als auch der objektiv messbaren Faktoren wie Gesundheit und Lebenserwartung als „toxisch" heraus.
Denn, so Waldinger: „Menschen, die einsamer sind,
als sie es sein wollen, finden, dass sie weniger glücklich sind, ihre Gesundheit verschlechtert sich früher
in ihrer Lebensmitte, ihre Gehirnfunktion lässt eher
nach und sie sterben früher als Menschen, die nicht
einsam sind."[61]

Am glücklichsten sind der Studie zufolge Menschen,
die in regem Austausch mit anderen Menschen stehen, sei es in der Familie, mit den Freunden, im
Sportverein, bei der Arbeit, im Literatur-Zirkel oder
in Gemeinschaftsprojekten mit politischem oder
gesellschaftlichem Engagement und einer entspre-
chenden Vision. Aristoteles und Marx haben somit
zweifellos richtig erkannt, dass der Mensch sich nur
mit anderen Menschen zusammen entfalten kann.
Er ist und bleibt auch hinsichtlich seines Glücksemp-
findens ein zutiefst gesellschaftliches Wesen:

Weg 8

Niemand kann seine eigene Sonne sein.
Als Zoon Politikon findet der Mensch sein
Glück nur in der Gemeinschaft mit anderen.
Trage zu deren Wohlbefinden bei und
freue dich daran.

9.

Die Befreiung vom Zwang, glücklich zu sein –

dank Schopenhauer die Unbeschwertheit erreichen

Den ausgefallensten Weg zum Glück zeigt uns der Philosoph Arthur Schopenhauer. Er gilt als der brillanteste Pessimist unter den Philosophen. Was er uns zum Thema Glück sagt, ist zunächst einmal sehr provokativ. Wirkliches Glück, so Schopenhauer, kann es auf unserem Planeten nicht geben:

Man sehe sie doch nur ein Mal daraufhin an, diese Welt beständig bedürftiger Wesen, die bloß dadurch, daß sie einander auffressen, eine Zeitlang bestehn, ihr Daseyn unter Angst und Noth durchbringen und oft entsetzliche Quaalen erdulden, bis sie endlich dem Tode in die Arme stürzen [...].[62]

Letztlich, so Schopenhauer, würden alle Lebewesen auf der Welt nur von einem universellen Überlebenswillen angetrieben:

Jeder Blick auf die Welt [...] bezeugt, daß Wille zum Leben [...] der allein wahre Ausdruck ihres innersten Wesens ist.[63]

Das Glück als Ziel des menschlichen Strebens ist für Schopenhauer eine haltlose Illusion. Das Erreichen eines Glückszustandes erklärt er für prinzipiell unmöglich:

[...] solange unser Bewußtseyn von unserm Willen erfüllt ist, solange wir dem Drange der Wünsche, mit seinem steten Hoffen und Fürchten, hingegeben

sind, solange wir Subjekt des Wollens sind, wird uns nimmermehr dauerndes Glück, noch Ruhe [64]

Wir sind gemäß Schopenhauer viel zu sehr von unserem „blinden Willen" angetrieben, als dass wir die Ruhe eines dauerhaften Glücks erreichen könnten. Blind ist der Wille, weil er letztlich kein über das Leben hinausgehendes Ziel hat und weil er sich selbst nicht als Wille erkennt. Denn die Pflanzen, Tiere und Menschen folgen alle ein und demselben metaphysischen Drang, weiterleben zu wollen, aber dieser Drang beziehungsweise „Wille", der in allen Lebewesen wirkt, erkennt sich selbst nicht als universelle

Kraft, sondern handelt in den verschiedenen Individuen völlig unreflektiert und kannibalisiert sich selbst:

So wirkt ein und derselbe Lebenswille, der den hungrigen Wolf antreibt, das Reh zu erbeuten, gleichzeitig im Reh und treibt es an, dem tödlichen Biss des Wolfes zu entkommen. Und das bedeutet, dass der Wille in einer

seiner Erscheinungen (im Wolf) gesteigertes Wohlseyn suchend, in der andern (im Reh) großes Leiden hervorbringt und so, im

heftigen Drange, die Zähne in sein eigenes Fleisch schlägt, nicht wissend, daß er immer nur sich selbst verletzt [...].[65]

Der blinde Wille zum Leben verurteilt die Menschen gleich auf sechsfache Weise zum Leiden an der Welt und somit zum Unglücklichsein. Erstens leiden wir an unseren Bedürfnissen, Hunger, Durst und Sexualität, denn diese werden, so Schopenhauer, als „Mangel" empfunden. Wenn wir beispielsweise Durst haben, spüren wir leidvoll, dass es dem Körper an Flüssigkeit fehlt:

Alles Wollen entspringt aus [...] Mangel, also aus Leiden.[66]

Zweitens leiden wir an der ständigen Wiederkehr dieser Bedürfnisse. Denn jede Mahlzeit verschafft uns ja nur einen kurzen Aufschub, bevor sich der Hunger wieder meldet oder wie Schopenhauer sagt:

[...] der erfüllte Wunsch macht gleich einem neuen Platz [...].[67]

Aber, so könnte man entgegnen, es ist doch auch schön, dass Hunger und Durst immer wieder kommen. So haben wir das Glück, stets aufs Neue lustvoll genießen zu können. Schopenhauer kritisiert diesen Einwand ganz entschieden:

Wer die Behauptung, daß, in der Welt, der Genuß den Schmerz überwiegt, oder wenigstens sie einander die

Waage halten, in der Kürze prüfen will, vergleiche die Empfindung des Thieres, welches ein anderes frißt, mit der dieses andern.[68]

Drittens leiden wir daran, dass die verschiedenen Organismen zwangsweise durch ihren Überlebenswillen in einen existenziellen Streit geraten, einen Krieg aller gegen alle:

So sehn wir in der Natur überall Streit, Kampf und Wechsel des Sieges, und werden eben darin weiterhin die dem Willen

wesentliche Entzweiung mit sich selbst deutlicher erkennen. Jede Stufe der Objektivation des Willens macht der andern die Materie, den Raum, die Zeit streitig [...].[69]

Der Wille macht sich also, so Schopenhauer, in Gestalt von Pflanzen, Tieren und Menschen gegenseitig den Raum streitig. Zu dicht wachsende Pflanzen machen sich die Materie streitig, nehmen sich das Licht, verdunkeln einander, bis eine davon verkümmert. Raubtiere fressen andere Tiere und diese fressen wiederum die Pflanzen. Am brutalsten unterwirft der Mensch alle anderen Formen des Lebens. Er nimmt ihnen die Freiheit und degradiert sie, so Schopenhauer, zu bloßer „Fabrikware". Er sperrt Pflanzen in gläserne Gewächshäuser ein und Tiere in Stallungen:

[...] so daß der Wille zum Leben durchgängig [...] in verschiedenen Gestalten seine eigene Nahrung ist, bis zuletzt das Menschengeschlecht, weil es alle andern überwältigt, die Natur für ein Fabrikat

zu seinem Gebrauch ansieht, das selbe Geschlecht jedoch auch [...] in sich selbst jenen

Kampf, jene Selbstentzweiung des Willens zur furchtbarsten Deutlichkeit offenbart, und homo homini lupus wird.[70]

Die vierte Leidensdimension ist die Sorge um die Zukunft. Diese Sorge um die Sicherstellung der zukünftigen Bedürfnisse ist spezifisch menschlich. Hat ein Tier genug gegessen und getrunken, strahlt es Zufriedenheit aus und ist glücklich. Der Mensch hingegen denkt weiter. Schon der künftige Hunger macht ihn hungrig. Auch haben wir als Menschen immer eine Art Hauptsorge, die uns das Leben erschwert. Das kann ein noch unerfüllter Wunsch sein oder auch die Sorge um unsere Gesundheit, die gerade durch eine Krankheit beeinträchtigt ist:

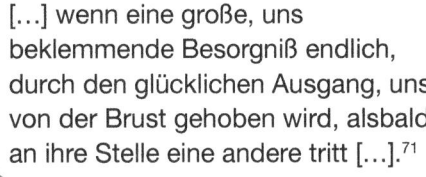

[…] wenn eine große, uns beklemmende Besorgniß endlich, durch den glücklichen Ausgang, uns von der Brust gehoben wird, alsbald an ihre Stelle eine andere tritt […].[71]

Die fünfte Dimension des Leidens macht sich in den wenigen Momenten bemerkbar, wenn ein Mensch gerade mal keine Sorgen hat. Wenn beispielsweise ein reicher Familienvater alle möglichen Bedürfnisse für sich, seine Frau und seine Kinder lebenslang sicherstellen kann, hat er zwar „ausgesorgt", jedoch in diesem Moment erfasst ihn eine neue gefährliche Bedrohung – die Langeweile. Das Dasein muss jetzt nämlich nicht mehr jeden Tag bestimmte Ziele verfolgen und rastlos Arbeiten verrichten, sondern hat viel Zeit, über sich und das Leben nachzudenken. Und das erzeugt zwangsweise ein neues Leiden. Das Dasein spürt jetzt nämlich in aller Deutlichkeit, dass es außerhalb der ständigen Erhaltung des Lebens gar keinen tieferen Lebenssinn hat. Umtriebige Menschen fürchten deshalb den Tag ihrer Verrentung.

Andere sorgen schon in jungen Jahren mit einem vollen Terminkalender für lückenlose Beschäftigung:

[...] sobald aber diese stockt, tritt die gänzliche Kahlheit und Leere des Daseyns zu Tage.[72]

Aus dem Leiden gibt es somit bei Schopenhauer keinen Ausweg, Entweder machen wir uns Sorgen oder wir verfallen der Langeweile:

[...] denn zwischen Schmerz und Langeweile wird jedes Menschenleben hin- und hergeworfen.[73]

Die sechste Dimension des Leidens besteht in der Tatsache, dass wir sterben müssen und darüber auch noch Bescheid wissen. Die Gewissheit, dass am Ende der Tod auf uns wartet, überschattet alle unsere Aktivitäten. Was wir auch tun und bewirken, wir leben immer nur auf Kredit und dieser Kredit schmilzt unaufhörlich:

> Jeden Abend sind wir um einen Tag ärmer.[74]

In den ersten Lebensjahren gelingt es uns zwar, diese Tatsache nicht an uns heranzulassen:

> Die Heiterkeit und der Lebensmuth unserer Jugend beruht zum Theil darauf, daß wir bergauf gehend, den Tod nicht sehn, weil er am Fuß der andern Seite des Berges liegt.[75]

Doch schon mit sechsunddreißig, so Schopenhauer, überschreiten wir den Gipfel des Berges und erkennen immer deutlicher, was auf der anderen Seite des Berges unten im Tal auf uns wartet – das unumstößliche Ende unseres Lebens.

Der blinde Wille lässt uns also auf sechsfache Weise leiden: erstens laufen wir ständig irgendwelchen Bedürfnissen hinterher, zweitens kommen diese immer wieder zurück, drittens sorgen wir uns zusätzlich noch um die zukünftigen Bedürfnisse, viertens verwickelt uns der individuierte Wille in einen Krieg aller gegen alle und den Verzehr anderer Lebensformen, seien es Pflanzen oder Tiere. Fünftens pendeln wir zwischen Not und Langeweile hin und her und sechstens stellt der Tod alles in Frage, was wir im Leben bewirken. Fazit: Der Mensch ist gemäß Schopenhauer von seinen Lebensumständen und seiner Konstitution her gar nicht dafür vorgesehen, glücklich zu werden. Diese pessimistische Einschätzung teilte später auch der berühmte Psychoanalytiker Sigmund Freud:

[…] die Absicht, dass der Mensch ‚glücklich' sei, ist im Plan der Schöpfung nicht enthalten.[76]

Ähnlich wie Schopenhauer stellt Freud fest:

Was man im strengsten Sinn Glück heißt, entspringt der eher plötzlichen Befriedigung hochaufgestauter Bedürfnisse und ist [...] nur als episodisches Phänomen möglich.[77]

Sowohl bei Freud als auch bei Schopenhauer treibt uns die Triebstruktur oder der blinde Wille von Natur aus dazu an, nach der Befriedigung all unserer Bedürfnisse zu suchen. Ob wir diese Befriedigung dann wirklich finden, ist der Natur dann aber gleichgültig:

Der Natur liegt bloß unser Dasein, nicht unser Wohlsein am Herzen.[78]

Der Versuch, glücklich zu werden, ist daher von vorne herein zum Scheitern verurteilt. Aber vielleicht liegt gerade in dieser Erkenntnis die Chance auf ein

stressfreies Leben. Schopenhauer befreit uns nämlich von jeder Form der modernen Glücksideologie.
In der Moderne gibt es nämlich die weit verbreitete Auffassung, dass es bei entsprechend großer An-
strengung und effizienter Selbstoptimierung möglich ist, aus eigener Kraft glücklich zu werden. Glück
ist heutzutage nicht mehr wie noch in der Antike
ein Geschenk, das uns die Glücksgottheiten Fortuna
oder Kairos zukommen lassen, sondern es muss von
uns selbst erarbeitet und bewirtschaftet werden.

Eine Vielzahl von Ratgeberbüchern verspricht mit
Übungen, Mantras, positivem Denken und Dankbar-
keits-Techniken das Glück aktiv herstellen zu können.
Dieses zunächst gut klingende Versprechen hat aber
eine Kehrseite. Wenn sich unser Glück tatsächlich
durch positives Denken und innere Wahrnehmungs-
techniken herbeiführen lässt, dann sind wir auch
selbst dafür verantwortlich, es herzustellen. Es ist
dann unsere eigene Schuld, wenn wir noch immer zu
denjenigen gehören, die unglücklich oder „nicht gut
drauf" sind. Die moderne Auffassung der Machbar-
keit des Glücks birgt somit die Gefahr, in eine Spirale
der Selbstoptimierung zu geraten. Ist man unglücklich, muss man mit Glücksmanagement beginnen und
Glücksseminare besuchen, ist man immer noch unglücklich, muss man die Anstrengungen verdoppeln.

Wissenschaftliche Studien zeigen, dass die Teilnehmer sich nach Motivations- und Glücksseminaren tatsächlich besser fühlen, dass dieser Effekt aber nur kurze Zeit anhält. Auch die vielfach empfohlenen Glückstagebücher sind nur begrenzt wirksam. Sie basieren auf der einfachen Logik, dass man glücklicher ist, wenn man die subjektive Wahrnehmung seines eigenen Glücks durch tägliches Aufschreiben verstärkt. Indem man sich am Abend alles Erfreuliche, wofür man dankbar ist, in seinem Tagebuch notiert, so die Theorie, summieren sich mit der Zeit eine Fülle von Mosaiksteinchen positiver Erlebnisse zu einem Gesamtbild innerer Zufriedenheit. Studien zeigen jedoch, dass diese Wirkung allerspätestens nach einem Vierteljahr stark nachlässt und neunzig Prozent der Teilnehmer ihr Glückstagebuch nicht mehr weiterschreiben. Die tägliche Dankbarkeitspraxis wird dann nämlich als „mechanisch", als Verrichtungs-Routine und lästige Pflicht empfunden. Sie verliert ihre motivierende Wirkung.[79]

Eine andere weit verbreitete Glückstechnik ist das sogenannte „Positive Thinking". Auch diese Technik funktioniert nur begrenzt und kann sich unter Umständen sogar als schädlich erweisen. Das „Positive Denken" zielt als Methode darauf ab, durch Ausblendung negativer Gedanken eine bewusst aufgeschlossenere und optimistischere Grundhaltung zu erzeugen. Wenn es uns nämlich gelingt, die Gedanken durch bestimmte Visualisierungen oder Affirmationen in eine konstruktive Richtung zu lenken, dann stellt sich auf Dauer, so die Positive Psychologie, eine höhere Zufriedenheit mit dem eigenen Leben ein. Affirmationen sind beispielsweise positive Glaubenssätze wie „ich liebe mich, so wie ich bin", „ich glaube fest an meine Ziele", „ich bin überzeugt, sie zu erreichen" oder „ich bin dankbar für alles, was ich bin und habe." Damit sollen unter anderem negative Glaubenssätze und Zuschreibungen aus der Kindheit wie „du bist zu langsam", „du kannst nicht logisch denken", oder „du wirst es nie zu etwas bringen" überwunden werden.

Diesem Ansatz liegt die konstruktivistische Überzeugung zu Grunde, dass Dinge, die ein Mensch in seinem Denken für „wahr" hält, die Tendenz haben, sich dann auch tatsächlich zu ereignen. In den Ratgeberwerken wird Positives Denken deshalb als erlernbare und praktizierbare Lebenshilfe empfohlen, sei es mit dem Ziel materieller Gewinnmaximierung, dem Versprechen von persönlicher Gesundheit oder einfach der Erfüllung unserer Sehnsucht nach Wohlbefinden.

Die Methode wird auch in Managerseminaren eingesetzt. Psychologen und Psychiater warnen aber davor, dass sie insbesondere bei weniger gefestigten Persönlichkeiten zu einem Realitätsverlust und einer gegenteiligen Wirkung führen kann. Ein Experiment an der University of Waterloo[80] ergab, dass Teilnehmer mit gering ausgeprägtem Selbstbewusstsein durch das wiederholte Aufsagen positiv motivierender Sätze ihre Lust, sich an Aktivitäten zu beteiligen, nicht steigern konnten, sondern umgekehrt messbar verschlechterten. Diese Personengruppe hat gerade durch das Wiederholen und Verinnerlichen positiver Affirmationen und Glaubenssätze die Differenz zwischen ihrer tatsächlichen Persönlichkeit und der angestrebten Zielpersönlichkeit als frustrierende Spaltung empfunden. Umgekehrt erzielte die Autosuggestion bei ohnehin selbstbewussten Persönlichkeiten tatsächlich eine messbar motivierende Wirkung. Der Effekt war jedoch wenig ausgeprägt.

Von psychoanalytischer Seite wird an der Technik des „Positiven Denkens" vor allem die Unterdrückung negativer Gefühle und Gedanken als zu weit gehende „Verdrängung" kritisiert. Bereits der Psychoanalytiker Sigmund Freud hat uns eindrucksvoll gezeigt, dass negative Gefühle, Gedanken und Träume der Schlüssel sein können, um psychische Belastungen zu erkennen, aufzuarbeiten und sich davon zu befreien. Negative Gefühle, so Freud, haben eine notwendige Funktion im psychischen Gleichgewicht und gehören zum Menschsein dazu. Fazit: Aktive Glückstechniken der Positiven Psychologie sind also, je nach individueller Persönlichkeit, mal mehr, mal weniger wirksam und bisweilen auch mit Risiken verbunden. Von philosophischer Seite werden sie, mit Ausnahme der existenzialistischen Ermutigung zur entschlossenen Selbstentfaltung nicht empfohlen.

Würde Schopenhauer erfahren, dass es heutzutage Glückstagebücher, Glückskalender mit Mottos für den gelingenden Tag und Seminare mit Glaubenssätzen zur Verinnerlichung des „Positiven Denkens" gibt, würde er sich wohl im Grabe umdrehen. Schopenhauer entlastet uns prinzipiell von dem modernen Imperativ, glücklich sein zu müssen:

> Ganz glücklich in der Gegenwart, hat sich noch kein Mensch gefühlt; (es sei denn), er wäre denn betrunken gewesen. [81]

Jeder Mensch, der sich erst einmal eingestanden hat, dass er einen dauerhaften Glückszustand niemals erreichen kann, wird auch von der rastlosen Suche danach befreit. Wir können, dank Schopenhauer, der

Wahrheit ins Auge sehen. Und diese Wahrheit lautet: Unser Leben ist ein Auf und Ab von Gefühlen der Lust und Unlust, begleitet von Phasen der Sicherheit und Unsicherheit, der Ruhe und Unruhe, des Wohlergehens und des Leidens. Haben wir erst einmal realisiert, dass man sich dem Leiden niemals ganz entziehen kann, werden wir vom Leben nicht mehr so schnell enttäuscht. Wir sind dann in der Lage, bei all unserer Sehnsucht nach Glück, das Auf und Ab des Lebens besser zu akzeptieren. Welch eine Befreiung!

Weg 9

Unglück ist kein persönliches Versagen, kein Mangel an Optimismus oder fehlende Selbstoptimierung. Unglück gehört zum Leben dazu und wir alle haben unser Päckchen zu tragen. Trage es mit einem Lächeln.

10.

Das Glück
des Dao –

mit Konfuzius den rechten
Weg finden – den eigenen

Der fernöstlichen Philosophie, namentlich dem großen chinesischen Philosophen Konfuzius, verdanken wir einen letzten faszinierenden Hinweis für unseren Weg zum Glück. Um ein wirklich erfülltes Leben zu führen, muss jeder Mensch, so Konfuzius, sein „Dao" finden. Das chinesische Wort „Dao" heißt wörtlich übersetzt der „Weg". Gemeint ist damit aber seit jeher der „rechte Weg", also eine dem Menschen entsprechende gelingende Lebensführung:

Folge dem rechten Weg (Dào); richte dich am Guten aus; [82]

Interessanterweise hat sich das chinesische Schriftzechen für „Dao", also für den rechten Weg seit den Zeiten von Konfuzius, also seit circa 2500 Jahren, nicht verändert. Die chinesische Schrift besteht aus Piktogrammen, das heißt, aus gezeichneten Bildern, die für sich allein oder mit anderen Bildern kombiniert ein Wort ergeben. Das Bild oder Zeichen für Dao, für den rechten Weg, ist aber nicht, wie man vielleicht vermuten würde, ein gemalter geschlängelter Weg oder eine geschlängelte Linie mit einem Pfeil am Ende, sondern erheblich feinsinniger. Es besteht aus zwei miteinander kombinierten Zeichen, zum einen aus dem Zeichen für Fuß, also einem gemalten Fuß mit geschwungener Fußsohle und Knöchel:

Zum anderen aus dem Zeichen für Kopf, also einem gemalten Kopf.

Der Fuß und der Kopf ergeben dann zusammengefügt das Zeichen für Dao:

Und das bedeutet, den rechten Weg kann man nur

gehen, wenn sowohl der Fuß als auch der Kopf be-
teiligt sind. Theorie und Praxis, Denken und Handeln dürfen sich nicht widersprechen, sondern müssen eine Einheit bilden. Es genügt nicht, wenn der
Mensch nur gute Vorsätze im Kopf hat, er muss sie
umsetzen und mit dem Fuß den rechten Weg auch
wirklich beschreiten. Geht ein Mensch den rechten
Weg, dann gilt für ihn der Grundsatz:

> Erst handelt er, wie er denkt.
> Dann spricht er, wie er handelt.[83]

Doch das Dao, also der rechte Weg, kann gemäß
Konfuzius für die einzelnen Menschen durchaus
unterschiedlich sein. Je nach Charakter, Anlagen,
Beruf und Bildung ist konkrete Ausgestaltung des
Lebens, etwa eines Bauern, Beamten, Handwerkers,
Herrschers oder Philosophen durchaus unterschied-
lich. Doch für uns alle gilt es, auf unserem Weg zwei

Grundregeln zu beachten: Zum einen dürfen wir, wie im Schriftzeichen verdeutlicht, unser Denken und Handeln nicht auseinanderfallen lassen, zum anderen müssen wir das „ren" beachten. „Ren" heißt aus dem Chinesischen übersetzt „Menschlichkeit" und ist der Schlüsselbegriff der gesamten Philosophie von Konfuzius. Was auch immer wir gerade in einer bestimmten Phase auf unserem Lebensweg tun, welches Ziel wir auch immer im Auge haben und leidenschaftlich verfolgen, niemals dürfen wir unser „Ren", unsere Menschlichkeit vergessen. Sie muss aktiv gelebt werden. Aber was versteht Konfuzius konkret unter Menschlichkeit? Auch dazu gibt das chinesische Schriftzeichen für „Ren" eine erste Antwort. Das Zeichen für Menschlichkeit besteht wieder aus zwei Bildern, zum einen aus dem Zeichen für Mensch, also einem Strichmännchen mit schräg sitzendem Hut:

Zum anderen aus der Zahl zwei. Genau wie bei den alten Römern in der lateinischen Sprache wird diese

Zahl mit zwei Strichen dargestellt, allerdings nicht mit zwei stehenden Strichen, sondern mit liegenden:

Zusammen ergeben die Zeichen für „Mensch" und für die „Zahl zwei" dann das Wort „Menschlichkeit":

Damit wird bereits in dem Jahrtausende alten Schriftzeichen unmissverständlich darauf hingewiesen, dass sich Menschlichkeit immer auf einen zweiten Menschen bezieht und beziehen muss. Für sich alleine kann man nicht menschlich sein. Menschlichkeit zeigt sich immer nur im Umgang mit anderen Menschen. Als einer seiner Schüler den Meister Konfuzius fragt, ob er mit einem Wort sagen könne, was Menschlichkeit ist, antwortet er schlicht:

Die Menschen lieben.[84]

Auf die Nachfrage, ob es für das Wort Menschlichkeit auch eine rationale Erklärung gibt, sagt er:

Das ist ,gegenseitige Rücksichtnahme'. Was man mir nicht antun soll, will ich auch nicht anderen Menschen zufügen.[85]

Entscheidend für die Suche nach unserem Dao ist also, laut Konfuzius, dass wir unsere Tugenden und Fähigkeiten entfalten, dabei aber die Entfaltung der anderen nicht behindern, sondern möglichst sogar fördern. Wer sein Dao sucht, hat gleichzeitig zwei Anliegen:

Er will, daß es ihm gelingt und daß es auch anderen gelingt [86]

Unser Glück, so Konfuzius, ist keine individuell egoistische Einbahnstraße. Es hängt wesentlich davon ab, dass auch die anderen Menschen glücklich sind.

Wenn man nun abschießend alle zehn philosophischen Wege zum Glück miteinander vergleicht, fällt auf, dass sie sehr unterschiedlich und manchmal sogar widersprüchlich sind. Während uns die alten Griechen noch nahelegen, den zufällig vorbeikommenden Gott Kairos beim Schopfe zu packen und das Zufallsglück zu nutzen, empfehlen uns Sartre und Simone de Beauvoir unser Schicksal selbst in die Hand zu nehmen. Der Mensch, so die Existenzialisten, ist absolut frei. Er ist das, wozu er sich macht und somit in der Lage, sich selbst aus eigener Kraft heraus zu einem glücklichen Menschen zu machen.

Auch Heidegger, der Urvater des Existenzialismus sieht das so. Es besteht zwar, so Heidegger, die große Gefahr, dass wir uns im anonymen „man" verlieren, ein uneigentliches Leben führen und dadurch vielleicht die uns zukommende Entfaltungsmöglichkeit verfehlen, aber prinzipiell, so Heidegger, ist jeder Mensch in der Lage, sein Leben entsprechend seiner Begabungen, Talente und Fähigkeiten entschlossen zu leben.

Die philosophische Denkrichtung der Stoiker hält genau das für unmöglich. Denn zur Selbstentfaltung gehört eine Gesellschaft mit großer sozialer Mobilität, die eine freie und individuelle Lebensführung auch ermöglichen kann. In der Antike gab es diese Entfaltungsmöglichkeiten nur sehr begrenzt. Zwar konnten Sklaven von ihren Herren freigelassen und auch manche Soldaten, Handwerker und Plebejer zu freien Bürgern aufsteigen, doch handelte es sich dabei mehr um Ausnahmen, als um den Regelfall. Aber selbst wenn sich einzelne Menschen frei entfalten können, bleiben sie, so der Kerngedanke der Stoiker, hinsichtlich ihres Glücks auf eine Vielzahl von äußeren Faktoren angewiesen, die sie nicht beeinflussen können. Unfälle, Krankheiten, Kriege, Schicksalsschläge, Alterserscheinungen bis hin zur eigenen Sterblichkeit widersprechen fundamental unseren Bedürfnissen nach dauerhafter Gesundheit,

Jugend und Vitalität, ohne dass wir Einfluss darauf haben. Da unser Glück und Unglück aber entscheidend von der Übereinstimmung unserer Bedürfnisse und Wünsche mit der Wirklichkeit abhängen, ist der einzig gangbare Weg zu einem glücklichen Leben die Befreiung von den eigenen Bedürfnissen durch Apathie und Ataraxie. Nur mit innerer Gelassenheit können wir ein glückliches Leben führen.

Auch Kafka und Nietzsche sehen es zunächst wie die Stoiker. Der Mensch kann sich zwar in der Welt entfalten und soll dies auch tun, er ist jedoch hinsichtlich seines Wohlbefindens und seines Lebensglücks immer auch von inneren und äußeren Schatten begleitet, die er nicht einfach abschütteln kann. Und diese Schattenseiten des Lebens, seien es Verdunkelungen aus unserer Kindheit oder äußere Schicksalsschläge, müssen wir, so Kafka und Nietzsche, akzeptieren und zulassen, ja möglichst sogar umarmen. Darin sind Kafka und Nietzsche allerdings noch erheblich radikaler als die Stoiker. Es geht ihnen nicht mehr nur um die bloße Bewältigung der leidbringenden Gefühle durch Gelassenheit und innere Seelenruhe, sondern darüber hinaus um das aktive Zugehen auf den Schmerz und das Leid. Nietzsche empfiehlt uns in diesem Zusammenhang die berühmte und vielzitierte „Amor Fati", die Liebe zum Schicksal. Das höchste Glück erreichen wir nur, wenn es uns gelingt, das Leben als Ganzes zu lieben, auch und gerade mit seinen Schattenseiten.

Nochmal anders sehen es Goethe und Epikur. Ihnen geht es um das Glück des Augenblicks und darum, im Leben immer auch die Feste der Sinnlichkeit zu feiern und zu genießen. Epikur sieht die Suche nach Lust und das Vermeiden von Unlust sogar als untrüglichen und natürlichen Wegweiser zum Glück. Die neugeborenen Säuglinge und Kleinkinder leben noch ausschließlich nach dem Lustprinzip, aber auch wir Erwachsenen sollten unser Empfinden für die schönen Augenblicke des Lebens nicht außer Acht lassen. Natürlich wussten Goethe und Epikur, dass das Leben niemals eine durchgehende Aneinanderreihung von lustvollen Erfahrungen und beglückenden Momenten sein kann. Epikur empfiehlt uns wohl auch deshalb neben Essen, Trinken und Sexualität die Freundschaft und die Philosophie als wichtigste Quellen der Lust und des Glücks.

Für Aristoteles und Marx ist nicht nur die Freundschaft wichtig, sondern die Gesellschaft als Ganzes. Das Individuum für sich alleine kann niemals glücklich werden. Im Grunde genommen, so Aristoteles und Marx, gibt es gar kein „Individuum für sich alleine". Denn wir alle wachsen seit frühester Kindheit

in der Gesellschaft auf und bleiben – vielleicht mit
Ausnahme weniger Einsiedler – ein Leben lang in die
Gesellschaft eingebunden. Ein glücklicher Mensch,
darin sind sich Aristoteles und Marx einig, kann
letztlich nur einer sein, der sich für die Polis, beziehungsweise die Gesellschaft als Ganzes, einsetzt. Ob
er als Familienvater, Künstler, Handwerker, Lehrer,
Politiker oder Bettler lebt, er kann sich erst in der
Gesellschaft, durch andere Menschen und mit ihnen
gemeinsam entfalten. Niemand kann seine eigene
Sonne sein. Jeder Mensch benötigt auf seinem Weg
zum Glück die Anerkennung durch andere, so wie
wir umgekehrt in der Lage sind, die Anderen durch
unseren Zuspruch zu erheben. Für Marx bedeutet
das Glück des Einzelnen das Glück der gesamten Gesellschaft und in letzter Konsequenz auch deren revolutionäre Umgestaltung.

Auch die Dialektiker Hegel und Adorno sehen das
Glück des Individuums untrennbar verbunden mit
dem Glück der Gemeinschaft. Adorno fordert uns
deshalb auf, in Widerspruch zu den bestehenden
Verhältnissen zu gehen, die uns unglücklich machen.
Nur der Widerspruch, also die innere und äußere
Nicht-Übereinstimmung mit der Welt, kann etwas in
Bewegung bringen, was nicht so ist, wie es sein soll.
Der Widerspruch ist, so Hegel und Adorno, die Ursa-

che und der Motor für jede Bewegung. Insofern steht der gelebte Widerspruch auch für das Glück individueller und gesellschaftlicher Veränderung.

Am Ende zeigt uns der große Pessimist Schopenhauer einen letzten Weg – vielleicht auch nur einen Trampelpfad – zum Glück. Er schließt nämlich die Möglichkeit der Erreichung eines dauerhaften Glückszustandes für den Menschen prinzipiell aus. Gerade dadurch aber gibt er uns vielleicht einen Hinweis für die innere Zufriedenheit. Das Glück, so Schopenhauer, lässt sich nicht erzwingen. Es ist sogar untypisch für unser Leben, angesichts der Zumutungen, denen wir ausgesetzt sind. Genau diese nüchterne Feststellung aber befreit uns radikal vom Stress der Selbstoptimierung und lässt uns das Leben leichter nehmen.

Welcher Weg der zehn Wege ist nun der richtige? Welcher Philosoph hat am Ende recht und wer von ihnen hat sich getäuscht? Vielleicht gibt uns gerade Konfuzius darauf eine zweifache Antwort. Er sagt uns zum einen, warum jeder dieser unterschiedlichen Wege für sich gesehen seine Berechtigung hat und zum anderen, was all diesen Wegen gemeinsam ist und gemeinsam sein muss.

Die Suche nach dem Dao, nach dem rechten Weg, ist, laut Konfuzius, immer auch eine individuelle Suche, so dass unterschiedliche Menschen unterschiedliche Glücksvorstellungen und Lebenswege verfolgen. Dementsprechend werden beispielsweise eher dionysisch veranlagte Menschen, die von ihrer Psyche her dem Gott des Weines, des Rausches, der Kreativität und des Chaos nahestehen, ihr Dao mehr in einem lustvollen, künstlerischen, aber unsicheren Leben suchen. Apollinische Menschen hingegen, die sich Apollon, dem Gott der Städtegründung, der Zukunftsplanung, des Lichtes und der Vernunft näher fühlen, finden ihr Dao vielleicht mehr in der Wissenschaft, im Handwerk oder der Wirtschaft. Wieder andere verwirklichen ihr Dao in der Familie, der Freundschaft, der sozialen Arbeit, der Politik oder der Philosophie. Den rechten Weg, so Konfuzius, muss jeder für sich selbst suchen, aber eines gilt es für uns alle zu beherzigen – „Ren", die Mitmenschlichkeit. Welchen Weg wir auch immer einschlagen, das Glück wird sich nur dann einstellen, wenn es uns gelingt, auch andere Menschen glücklich zu machen:

Das Leben an einem Ort ist erst dann schön, wenn die Menschen ein gutes Verhältnis zueinander haben.[87]

Weg 10

Suche das Dao, den Weg zum Glück! Entfalte dafür deine Tugenden und Fähigkeiten. Behindere dabei nicht die Entfaltung der anderen, sondern fördere sie. Darüber hinaus gilt: Die Wege zum Glück sind sehr verschieden. Finde deinen!

Zitatverzeichnis:

1   Zitat Poseidippos von Pella, zitiert nach Johannes Gründel, Kairos, in: Lexikon für Theologie und Kirche. Bd 5., Herder Verlag, Freiburg 1996, Sp. 1129–1131

2   Vgl. Steven D. Levitt, Heads or Tails: The Impact of a Coin Toss on Major Life Decisions and Subsequent Happiness, The Review of Economic Studies, Vol. 88(1), pages 378-405, Chicago 2021

3   Zitat, Jean Paul Sartre, Der Existenzialismus ist ein Humanismus, Rowohlt, Hamburg 2010, S. 150, im Folgenden zitiert als „Humanismus"

4   Zitat, Jean Paul Sartre, Das Sein und das Nichts, Versuch einer phänomenologischen Ontologie, Rowohlt Verlag, Reinbek bei Hamburg 1985, S. 670, im Folgenden zitiert als „Sein und Nichts"

5   Zitat, Humanismus, S. 155

6   Zitat, Sein und Nichts, S. 626

7   Zitat, Humanismus, S. 169

8   Zitat, Simone de Beauvoir, Das andere Geschlecht, Sitte und Sexus der Frau. Aus dem Französischen von Eva Rechel-Mertens und Fritz Montfort, Rowohlt-Verlag, Hamburg 1951, S. 334

9   Zitat, Simone de Beauvoir, Interview von Alice Schwarzer mit Simone de Beauvoir von 1976, in: Alice Schwarzer, Simone de Beauvoir, Die legendären Gespräche mit Alice Schwarzer, Kampa Verlag, Gebundene Ausgabe, Zürich 2022, S. 78

10 Zitat, ebenda, S. 5

11 Zitat, Humanismus, S. 161

12 Zitat, Franz Kafka, Das Urteil, in: Franz Kafka, Schriften/Ta gebücher, Kritische Ausgabe in 15 Bänden, Drucke zu Lebzeiten, hrsg. von Wolf Kittler et al., Fischer Verlag, Frankfurt a. M. 2002, S. 61

13 Zitat, Franz Kafka, Die Verwandlung, in: Franz Kafka, Schriften/ Tagebücher, Kritische Ausgabe in 15 Bänden, Drucke zu Lebzeiten, hrsg. von Wolf Kittler et al., Fischer Verlag, Frankfurt a. M. 2002, S. 193 f., im Folgenden zitiert als „Verwandlung"

14 Zitat, Kafka, Brief an Oskar Pollak vom 20. Dezember 1903, in: Franz Kafka, Briefe 1900 - 1912, hrsg. von Hans Gerd Koch, Fischer Verlag, Frankfurt a. M. 1999, S. 32 f., im Folgenden zitiert als „Briefe 1900 - 1912"

15 Zitat, Kafka, Brief an Max Brod vom 5. Juli 1922, in: Max Brod, Franz Kafka, Eine Freundschaft II, Briefwechsel, hrsg. von Malcolm Pasley, Frankfurt a. M. 1989, S. 377, im Folgenden zitiert als „Briefe an Max Brod"

16 Zitat, Kafka, Tagebucheintrag vom 15. Februar 1920, in: Franz Kafka, Schriften/Tagebücher, Kritische Ausgabe in 15 Bänden, Tagebücher, hrsg. von Hans-Gerd Koch et al., Fischer Verlag, Frankfurt a. M. 2002, S. 854 f, im Folgenden zitiert als „Tagebücher"

17 Zitat, Kafka, Brief an Max Brod vom 6. Juli 1922, in: Max Brod, Franz Kafka, Eine Freundschaft II, Briefwechsel, hrsg. von Malcolm Pasley, Frankfurt a. M. 1989, S. 377

18 Zitat, Rainer Maria Rilke, Gedichte, Vom Stundenbuch zu den Duineser Elegien, Jazzbee Verlag, Altenmünster 2015, S. 30

19 Zitat, Laotse, Daodejing, Sammlung von Spruchkapiteln, die der Legende nach von einem Weisen namens Laotse stammen (vermutlich 6. Jh. v. Chr.), eigentlich Laozi, auch Lau Dsi oder Lau Dan, historisch nicht fassbarer chinesischer Philosoph, Begründer des Taoismus. Laotse bedeutet ‚der Alte'.

20 Zitat, Friedrich Nietzsche, Ecce Homo, Warum ich so klug bin, Kap. 10, in: KSA, Bd. 6, S.297

21 Zitat, Friedrich Nietzsche, Die fröhliche Wissenschaft, Viertes Buch, Aphorismus 276 „Zum neuen Jahre", in: Friedrich Nietzsche, Kritische Studienausgabe (KSA) in 15 Bänden, hrsg. von Giorgio Colli und Mazzino Montinari, Deutscher Taschenbuch Verlag, München 1999. Band 3, S. 521

22 Zitat, Marie Freifrau von Ebner-Eschenbach, Aus einem zeitlosen Tagebuch, 1916

23 Zitat, Martin Heidegger, Sein und Zeit, Max Niemeyer Verlag, Tübingen 1979, S. 115, im Folgenden zitiert als ‚SuZ'

24 Zitat, SuZ, S. 126 f.

25 Zitat, SuZ, S. 268

26 Zitat, SuZ, S. 308

27 Zitat, SuZ, S. 190 f.

28 Zitat, Epiktet, Handbüchlein der Moral, Kröner Verlag, Stuttgart, 1984, S. 22

29 ebenda, S. 24

30 ebenda

31 ebenda

32 ebenda, S. 22

33 ebenda

34 ebenda, S. 28

35 ebenda, S. 51

36 ebenda, S. 30

37 ebenda, S. 25

38 Zitat, Georg Wilhelm Friedrich Hegel, Wissenschaft der Logik II,
    Suhrkamp Verlag, Frankfurt am Main 1986, in: Hegel, Georg Wilhelm
    Friedrich, Werke in 20 Bänden, Suhrkamp Verlag, Frankfurt am Main
    1986, Bd. 6, S. 75, im Folgenden zitiert als ‚Logik II'

39 Zitat, Georg Wilhelm Friedrich Hegel, Vorlesungen zur Philosophie
    der Geschichte, in: Hegel, Georg Wilhelm Friedrich, Werke in 20
    Bänden, 20 Bänden, Suhrkamp Verlag, Frankfurt am Main 1986,
    Band 20, S. 528 f., im Folgenden zitiert als ‚Philosophie der
    Geschichte'

40 Zitat, Hegel, Logik II, S. 75

41 Zitat, Theodor W. Adorno, Minima Moralia, Reflexionen aus
    dem beschädigten Leben, Suhrkamp Verlag, Frankfurt am Main 1988,
    Aphorismus 18, S. 42, im Folgenden zitiert als „Minima Moralia"

42 Zitat, Theodor W. Adorno, Negative Dialektik, Suhrkamp Verlag,
    Taschenbuch Wissenschaft, Frankfurt am Main 1980, S. 398, im
    Folgenden zitiert als „Negative Dialektik"

43 Zitat, ebenda

44 Zitat, Epikur, Brief an Menoikeus, in: Briefe, Sprüche,
    Werkfragmente, übers. von Hans-Wolfgang Krautz, Reclam Verlag,
    Stuttgart 2019, S. 47, im Folgenden zitiert als „Brief an Menoikeus,

45 Zitat, Epikur, in: Diogenes Laertius, Leben und Meinungen berühmter
    Philosophen, übers. von Otto Apelt, Meiner Verlag, Hamburg 1967,
    Zehntes Buch, S. 225, im Folgenden zitiert als „Berühmte Philo-
    sophen"

46 Zitat, Epikur, Briefe an Freunde und Verwandte, in: Briefe, Sprüche,
    Werkfragmente, übers. von Hans-Wolfgang Krautz, Reclam Verlag,
    Stuttgart 2019, S. 53, im Folgenden zitiert als „Briefe an Freunde und
    Verwandte"

47 Zitat, Epikur, Brief an Menoikeus, in: Briefe, Sprüche,
    Werkfragmente, S. 49

48 Zitat, Epikur, Brief an Menoikeus, in: Epikur, Von der Überwindung
    der Furcht, übers. von Olaf Gigon, dtv/Artemis Verlag, München

1991, S. 103 f., im Folgenden zitiert als „Brief an Menoikeus, in: Von der Überwindung der Furcht"

49 Zitat, Epikur, entscheidende Lehrsätze, in: Briefe, Sprüche, Werkfragmente, S. 75 und: Vatikanische Spruchsammlung, in: Griechische Atomisten, Texte und Kommentare zum materialistischen Denken der Antike, hrsg. von Fritz Jürss et al., Reclam Verlag, Leipzig 1977, S. 301

50 Zitat, Epikur, Vatikanische Spruchsammlung, in: Griechische Atomisten, S. 296

51 Zitat, Ökonomisch-philosophische Manuskripte, in: Karl Marx, Friedrich Engels, Werke in 39 Haupt- und zwei Ergänzungsbänden, Dietz-Verlag Berlin 1956, im Folgenden abgekürzt als MEW, Ergänzungsband 1, S. 515

52 Zitat, Aristoteles, Politik, übers. von Eugen Rolfes, Felix Meiner Verlag, Hamburg 1981, 1253 a, S. 4

53 ebenda

54 ebenda, 1253b 28, S. 5

55 Zitat, Aristoteles, Nikomachische Ethik, übers. von Franz Dirlmeier, Fischer Verlag, Frankfurt a. Main 1957, Buch I. Kap. 6, S.32

56 ebenda

57 Zitat, Betrachtungen eines Jünglings bei der Wahl eines Berufes. Deutscher Aufsatz aus dem Jahr 1835, MEW, Ergänzungsband 1, S. 594

58 ebenda

59 Zitat, Karl Marx, das Kapital. Buch III, MEW Bd. 3, S. 784

60 Die „Harvard Study of Adult Development" ist für die gesamte internationale Glücksforschung die bis heute wichtigste Bestandsaufnahme. Seit 1938 werden inzwischen mehrere Generationen von Menschen über Jahrzehnte hinweg medizinisch und psychologisch auf ihr subjektives Glücksempfinden und zugleich auf ihre objektivierbaren sozialen und medizinischen Begleitumstände wie Einkommen, Karriere, Kinder, soziales Umfeld, Gesundheit, Alter etc. hin untersucht. Robert Waldinger ist bereits der vierte Direktor dieser über 80 Jahre lang durchgeführten und ständig aktualisierten Großstudie mit inzwischen 2000 Teilnehmern.
Vgl. Robert Waldinger, Mark Schulz, Ulrike Kretschmer, The Good Life – und wie es gelingen kann: Erkenntnisse aus der weltweit längsten Studie über ein erfülltes Leben, Kösel Verlag, 2023

61 Zitat, Robert Waldinger, Was ist ein gutes Leben? Lehren aus der längsten Studie über Glück, Veröffentlicht im November 2015 von „TedxBeaconStreet" auf Ted.com.

62 Zitat, Arthur Schopenhauer, Zitat, Arthur Schopenhauer, Die Welt als Wille und Vorstellung, Band II, Erster Teilband, Züricher Ausgabe, Kap. 28, Band 3, S. 409, im Folgenden zitiert als „Welt als Wille II/1, Band 3"

63 Zitat, Welt als Wille II/1, Kap. 28, Band 3, S. 410

64 Zitat, Zitat, Arthur Schopenhauer, Welt als Wille und Vorstellung I, Zweiter Teilband, Züricher Ausgabe, Band 2, § 60, S.252, im Folgenden zitiert als „Welt als Wille I/2, Band 2"

65 Zitat, Welt als Wille I/2, § 63, Band 2, S. 441

66 Zitat, Welt als Wille I/1, § 38, Band 1, S. 252

67 ebenda

68 Zitat, Arthur Schopenhauer, Parerga und Paralipomena, Band II, Erster Teilband, Züricher Ausgabe, Parerga II/1, § 149, Band 9, S. 317, im Folgenden zitiert als „Parerga II/1, Band 9"

69 Zitat, Zitat, Arthur Schopenhauer, Welt als Wille und Vorstellung I, Erster Teilband, Züricher Ausgabe, § 27, Band 1, S. 197, im Folgenden zitiert als „Welt als Wille I/1

70 Zitat, Schopenhauer, Welt als Wille I/1, § 27, Band 1, S. 198

71 Zitat, Schopenhauer, Welt als Wille I/2, § 57, Band 2, S. 397

72 Zitat, Schopenhauer, Parerga II/1, § 146, Band 9, S. 311

73 ebenda

74 Zitat, Schopenhauer, Parerga II/1, § 143, Band 9, S. 308

75 Zitat, Schopenhauer, Parerga I/2, Kap. 6, Band 8, S. 525

76 Zitat, Sigmund Freud, Die Zukunft einer Illusion, Gesammelte Werke, 2. Auflage, Frankfurt a. Main 1964, Band XIV, S. 434

77 ebenda

78 Zitat, Arthur Schopenhauer, Arthur Schopenhauer´s handschriftlicher Nachlaß, hrsg. von Julis Frauenstädt, Leipzig 1864, S. 422

79 Vgl. Detlef Becker, Was uns wirklich glücklich macht, in: Andrea Fischer, Christin Prizelius, Viele Wege führen zum Glück, Experten stellen vor, Springer Verlag, Berlin 2021, S. 6

80 Vgl. Joanne Wood, Elaine Perunovic, John W. Lee, Positive Self-Statements: Power for Some, Peril for Others, Study of University of Waterloo, Psychological Science, Waterloo July 2009 Vgl. hierzu auch: „Positives Denken" macht krank. Vom Schwindel mit

gefährlichen Erfolgsversprechen, Eichborn Verlag, Frankfurt a. M. 1997

81   Zitat, Schopenhauer, Parerga II/1, § 146, Band 9, S. 312
82   Zitat, Zitat, Konfuzius, Gespräche (Lunyu), übers. von Ralf Moritz, Reclam Verlag, Stuttgart 2017, Kap. VII,6, S. 39, im Folgenden zitiert als „Gespräche"
83   Zitat, Konfuzius, Gespräche, II,13, S. 12
84   Zitat, Konfuzius, Gespräche, XII,22, S. 77
85   Zitat, Konfuzius, Gespräche, XV,24, S. 102
86   Zitat, Konfuzius, Gespräche, VI,30, S. 38
87   Zitat, Konfuzius, Gespräche, Kap. IV,1, S. 21

Bildnachweis:

Chronos, Figur von Ignaz Günther, um 1765/1770, Foto, Bayerisches Nationalmuseum (Saal 42-43)
Kairos, Römische Reliefdarstellung, wohl in Anlehnung an die Bronzestatue des Lysipp aus der Zeit um 335 v. Chr., Foto, Archäologisches Museum Turin

In dieser Reihe erschienen:

Walther Ziegler
Adorno in 60 Minuten
1. Auflage: Oktober 2017
92 Seiten, gebunden, € 16,99
ISBN 978-3-7448-6481-7

Walther Ziegler
Arendt in 60 Minuten
1. Auflage: August 2018
120 Seiten, gebunden, € 16,99
ISBN 978-3-7528-8845-4

Walther Ziegler
Buddha in 60 Minuten
1. Auflage: Juli 2021
148 Seiten, gebunden, € 16,99
ISBN 978-3-7543-1753-2

Walther Ziegler
Camus in 60 Minuten
1. Auflage: Juli 2015
84 Seiten, gebunden, € 16,99
ISBN 978-3-7386-1437-4

Walther Ziegler
Descartes in 60 Minuten
1. Auflage: Dezember 2021
124 Seiten, gebunden, € 16,99
ISBN 978-3-7557-1602-0

Walther Ziegler
Epikur in 60 Minuten
1. Auflage: Oktober 2021
108 Seiten, gebunden, € 16,99
ISBN 978-3-7543-5142-0

Walther Ziegler
Foucault in 60 Minuten
1. Auflage: Dezember 2019
136 Seiten, gebunden, € 16,99
ISBN 978-3-7504-1276-7

Walther Ziegler
Freud in 60 Minuten
1. Auflage: Juli 2015
96 Seiten, gebunden, € 16,99
ISBN 978-3-7386-1426-8

Walther Ziegler
Habermas in 60 Minuten
1. Auflage: März 2017
128 Seiten, gebunden, € 16,99
ISBN 978-3-7431-8735-1

Walther Ziegler
Hegel in 60 Minuten
1. Auflage: Juli 2015
128 Seiten, gebunden, € 16,99
ISBN 978-3-7386-1058-1

Walther Ziegler
Heidegger in 60 Minuten
1. Auflage: Juli 2015
108 Seiten, gebunden, € 16,99
ISBN 9-7837-3861-413-8

Walther Ziegler
Hobbes in 60 Minuten
1. Auflage: Januar 2019
84 Seiten, gebunden, € 16,99
ISBN 9-7837-4810-128-4

Walther Ziegler
Kafka in 60 Minuten
1. Auflage: April 2021
144 Seiten, gebunden, € 16,99
ISBN 978-3-7534-6364-3

Walther Ziegler
Kant in 60 Minuten
1. Auflage: Juli 2015
144 Seiten, gebunden, € 16,99
ISBN 978-3-7386-1410-7

Walther Ziegler
Konfuzius in 60 Minuten
1. Auflage: Dezember 2020
132 Seiten, gebunden, € 16,99
ISBN 9-783-7526-6986-2

Walther Ziegler
Marx in 60 Minuten
1. Auflage: Juli 2015
112 Seiten, gebunden, € 16,99
ISBN 978-3-7386-1421-3

Walther Ziegler
Nietzsche in 60 Minuten
1. Auflage: Oktober 2017
157 Seiten, gebunden, € 16,99
ISBN 978-3-7448-6492-3

Walther Ziegler
Platon in 60 Minuten
1. Auflage: Juli 2015
112 Seiten, gebunden, € 16,99
ISBN 978-3-7386-2138-9

Walther Ziegler
Popper in 60 Minuten
1. Auflage: Dezember 2019
112 Seiten, gebunden, € 16,99
ISBN 978-3-7504-1275-0

Walther Ziegler
Rawls in 60 Minuten
1. Auflage: Januar 2018
104 Seiten, gebunden, € 16,99
ISBN 978-3-7528-4913-4

Walther Ziegler
Rousseau in 60 Minuten
1. Auflage: Juli 2015
112 Seiten, gebunden, € 16,99
ISBN 978-3-7386-1428-2

Walther Ziegler
Sartre in 60 Minuten
1. Auflage: Juli 2015
116 Seiten, gebunden, € 16,99
ISBN 978-3-7386-1423-7

Walther Ziegler
Schopenhauer in 60 Minuten
1. Auflage: Dezember 2017
116 Seiten, gebunden, € 16,99
ISBN 978-3-7460-1060-1

Walther Ziegler
Smith in 60 Minuten
1. Auflage: Juli 2015
100 Seiten, gebunden, € 16,99
ISBN 978-3-7386-1439-8

Walther Ziegler
Wittgenstein in 60 Minuten
1. Auflage: April 2018
116 Seiten, gebunden, € 16,99
ISBN 978-3-7460-8227-1

Walther Ziegler
10 Fragen der Philosophie
1. Auflage: Oktober 2022
144 Seiten, gebunden, € 16,99
ISBN 9-783-7568-5689-3

Der Autor:

Dr. Walther Ziegler ist promovierter Philosoph, Journalist und Hochschullehrer. Als Auslandskorrespondent, Reporter und Nachrichtenchef des Fernsehsenders ProSieben produzierte er Filme auf allen Kontinenten. Seine Reportagen wurden mehrfach preisgekrönt. Von 2007 – 2016 leitet er eine University of Applied Sciences und unterrichtet seine Studentinnen und Studenten in den Fächern TV-Journalismus, Dramaturgie und Philosophie. Er ist Autor zahlreicher philosophischer Bücher. Als langjährigem Journalisten gelingt es ihm, das komplexe Wissen der großen Philosophen spannend und verständlich auf den Punkt zu bringen. Seine Buchreihe „Große Denker in 60 Minuten" wird in sechs Sprachen übersetzt und findet weltweit begeisterte Leserinnen und Leser.